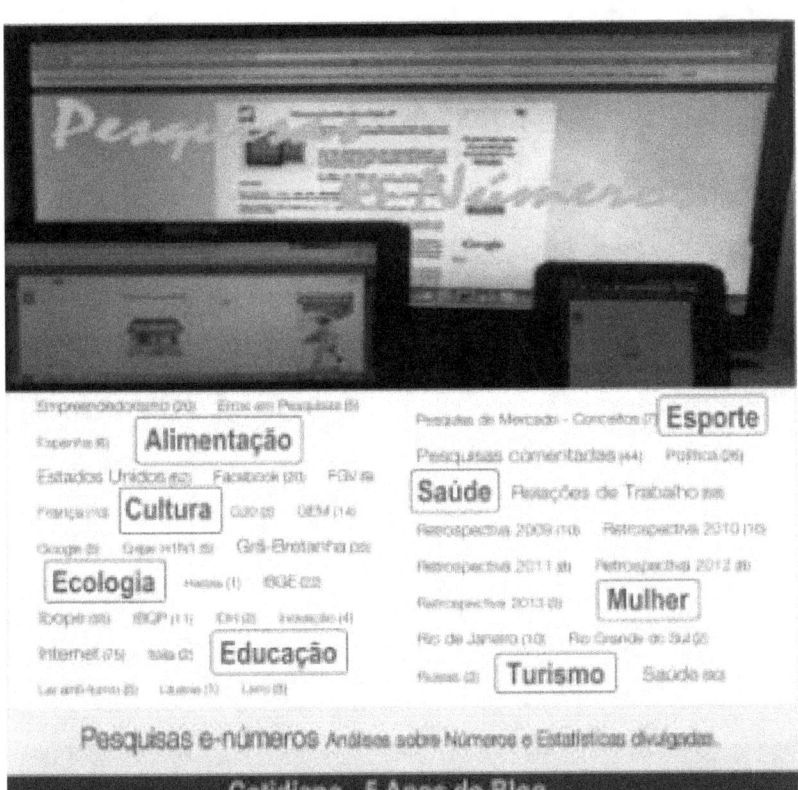

Romeu Friedlaender Jr
2014

5 anos de Pesquisas e-Números - Cotidiano

O Surgimento do Blog

Era maio de 2009, acompanhando algumas noticias na midia percebi que sempre divulgam pesquisas e números sobre os mais diversos assuntos, mas geralmente as analises e comentários sobre essas pesquisas eram fracos, superficiais.

Decidi trocar ideias com o proprietário de um importante jornal da capital paranaense para encontrar formas de melhorar essa analise das pesquisas, números e estatísticas que surgem na midia a todo instante. A primeira ideia seria de criar uma coluna semanal comentando sobre pesquisas, mas logo surge a alternativa de criar um blog, para usar a forca da midia digital e ampliar o alcance dessas analises. Fomos conversar com a equipe de jornalismo desse jornal, que gostou da ideia, mas acabou nao levando adiante, mas o principal já tinha sido criado, a ideia do blog sobre pesquisas e números.

Com muitas opções gratuitas de hospedagem de blogs, iniciei o blog Pesquisas e Números no dia 7 de maio de 2009, na plataforma Blogger, com o blogspot. Mais tarde comprei o domínio www.pesquisasenumeros.com que

5 anos de Pesquisas e-Números - Cotidiano

continua usando a plataforma e todos os serviços oferecidos pelo Blogger, que comecei a conhecer, entender e gostar da facilidade de blogar com ele.

Desde entao já foram quase 500 textos, que ajudaram o blog a receber centenas de milhares de visitas, inúmeros comentários, curtidas, compartilhamentos nas redes sociais e fontes para outras matérias em outros veículos de comunicação, inclusive blogs, sobre os comentários e analises que fizemos em todo esse tempo no Pesquisas e-Números.

Pelo numero de textos resolvi dividir em 4 assuntos, colocando em 4 livros os assuntos relativos ao Cotidiano, ao Ecommerce, a Comunicação Social e ao Empreendedorismo, com pesquisas, números e dados estatísticos analisados e comentados nesses 5 anos do blog.

Esse livro trata do Cotidiano, onde coloquei os textos que falaram sobre educação, cultura, esporte, ecologia, saúde, alimentação, mulher e turismo.

Educação, Cultura, Esporte, Ecologia, Saúde, Alimentação, Mulher e Turismo

Neste livro vamos tratar de assuntos que estão no nosso dia a dia, fazem parte de nosso cotidiano, muitas vezes sem que percebamos.

A educação é fundamental no desenvolvimento das pessoas, da sociedade, e do país, por isso falamos dos seus problemas, da escola, da presença dos pais, da segurança, da qualidade do ensino, da carreira de professor, do futuro com qualificação, enfim, de vários aspectos do sistema educacional brasileiro que merece sempre nosso cuidado e atenção.

A cultura complementa a educação, que não existe sem um bom sistema educacional, por isso abordamos dados do anuário cultural brasileiro, dos meios de comunicação, de costumes simples, como tomar banho, leitura de livros, sair na chuva e até sobre o futebol em nosso país.

O esporte é importante para a formação do ser humano, o adulto que teve uma infância esportiva teve uma formação melhor que o que não teve, sabe enfrentar melhor as adversidades, quando elas vierem. Nesse livro vamos falar dos próximos grandes eventos que teremos em nosso país, como Copa do Mundo, Olimpíadas e Paralimpíadas, de sua importância econômica e esportiva, falamos de corrida, academias, perda de peso, de tênis, de grandes atletas como Roger Federer, Rafael Nadal, bem como qual líquido beber após a prática de exercícios.

A ecologia também tem a sua importância no blog, com o consumo consciente, com a chuva, o trânsito sem carro, o carro elétrico, a emissão de CO_2, a cidade verde e até mesmo como seria um enterro verde.

Saúde é fundamental, falamos dela no nosso trabalho, no stress, no prato que comemos, na escolha do sapato, na hora de dormir, mas também na sua prevenção, com check-ups, cuidados com diabetes, câncer, drogas, fumo, mau humor do chefe, dentes, memória, enfim tudo que a saúde possa ajudar a melhorar a nossa qualidade de vida.

A alimentação teve análises sobre seu custo para a família brasileira, falamos de alimentos doces, da comida fora de casa, comendo junto com amigos, de café, chocolate, cerveja, tomate e também do problema da fome do mundo.

A mulher mostra um pouco das conquistas femininas no mundo, do comportamento delas como mães, empreendedoras, chefas, sua influência na compra de vários produtos, inclusive cuecas. Números que podem explicar a beleza do rosto e do bumbum feminino, como detalhes estatísticos de sedução, de cor de lingerie. Enfim, números comprovando até mesmo detalhes da saúde feminina, com sua melhor memória, organização, mas sem esquecer de seu coração.

O turismo é um setor da economia de importância fundamental, impactando diversos outros setores econômicos do país, por isso falamos no blog sobre os impactos da Copa do Mundo, das Olimpíadas, do Grande Prêmio de Fórmula 1, dos feriados, das viagens de férias, dos brasileiros que viajam para fora do país, dos estrangeiros que nos visitam, analisando como anda a competividade turística nacional.

Nesse livro você encontra assuntos do seu cotidiano, que já fazem parte do seu dia a dia e você nem percebe, ou que ainda não, mas com poucas mudanças na sua rotina diária a sua qualidade de vida pode melhorar.

5 anos de Pesquisas e-Números - Cotidiano

9

Conteúdo

5 anos de Pesquisas e-Números - Cotidiano

13

5 anos de Pesquisas e-Números - Cotidiano

Educação

Problemas de educação

Estudos da FGV e da RITLA sobre evasão escolar e interesse das crianças nas escolas revelam dados preocupantes.

No trabalho "Motivos da Evasão Escolar", da FGV, verificou-se que 2,7% das crianças entre 10 e 14 anos estavam fora da escola, mas na faixa etária referente ao ensino médio, 15 a 17 anos, esse índice sobe para 17,8%. Por que há essa evasão? O principal motivo é o desinteresse na escola, para 40,3%, depois vem a procura por trabalho, com 27,09% e em 10,89% dos casos não há escolas suficientes para esses alunos.

O trabalho "Violência e Convivência nas Escolas", realizado por pesquisadores da RITLA (Rede de Informação Tecnológica Latino Americana) constatou que mais de 60% dos professores tem certeza que seus alunos irão abandonar a escola. E apenas 15% acreditam que seus alunos irão terminar os estudos e conseguir bons empregos.

5 anos de Pesquisas e-Números - Cotidiano

A educação, a escola, não traz apenas ganhos de conhecimentos e maiores oportunidades de trabalho para os estudantes, mas também reflete em várias áreas da sociedade como um todo. Apenas citando um exemplo, comprovado por estudos da FGV, constatou-se que 95% das melhoras da saúde percebida observadas a partir de incrementos na educação e na renda associada se dão pelo efeito direto da educação. É enorme o ganho que se tem a partir da decisão de se educar mais, em qualidade de vida.

De quem é a culpa? Dos alunos, que não tem interesse na escola? Dos Professores, que não acreditam no sucesso dos estudantes?

O problema existe, os estudantes não têm interesse na escola e os professores não acreditam na capacidade dos seus alunos, sinal de que nosso sistema educacional está com problemas, não há motivação nem por parte dos alunos nem pelos professores.

É fundamental para o desenvolvimento do país que se busque tornar a educação interessante e motivadora para todos, que o aluno goste de ir à escola e o professor se sinta como peça importante nesta engrenagem educacional. E não pode ficar apenas nas costas do Governo, toda a comunidade deve ajudar na valorização do sistema educacional, seja como for, das formas que puder, porque quem ganha com isso não é apenas o aluno, mas toda a sociedade.

Texto de jul/2009

IHA – Índice de Homicídios na Adolescência – Dados Preocupantes

Hoje 1 em cada 500 adolescentes brasileiros morre assassinado. Esse índice é maior entre os meninos, e entre os negros. Mantendo-se as mesmas condições de hoje, até o ano 2012 teremos 15.715 adolescentes a menos no Brasil, vitimados por homicídios.

O IHA é importante porque são dados estatísticos dos dias de hoje, mostrando que há o problema da violência e deve ser combatido por toda a sociedade.

Um exemplo do bom uso da estatística para a melhoria das condições de vida da população foi a implantação da Lei Seca (feita graças aos alarmantes números de acidentes fatais onde a bebida alcoólica estava presente), que diminuiu as mortes no trânsito (conforme analisado neste blog em junho).

5 anos de Pesquisas e-Números - Cotidiano

Por onde começar ?

A educação é o principal caminho para diminuirmos esses números e chegarmos a 2012 sem essas mortes anunciadas. A taxa de evasão escolar sobe de 2,7% entre as crianças de 10 a 14 anos para 17,8% entre 15 e 17 anos (publicado aqui neste blog em 14 de julho). Se a escola conseguir manter seus alunos estudando já é um passo importante. Diminuindo a taxa de evasão escolar com certeza o IHA também cai.

Texto de jul/2009

Escola – a ajuda importante dos pais

A revista Veja desta semana traz uma reportagem mostrando a importância do papel dos pais na educação dos filhos.

Nos países da OCDE (Organização para a Cooperação e Desenvolvimento Econômico) em média 64% dos pais se dizem atuantes na rotina escolar dos seus filhos, a média brasileira fica entre 20 e 30%.

Já analisado aqui neste blog (14 de julho), apenas 15% dos professores acreditam que seus alunos irão terminar os estudos e conseguir bons empregos. A taxa de evasão escolar cresce de 2,7% entre as crianças de 10 a 14 anos para 17,8% entre as que têm entre 15 e 17 anos.

Quando os pais participam da vida escolar dos filhos suas notas aumentam em torno de 20% e a possibilidade de evasão escolar cai em 64%.

O professor não acredita nos alunos, os pais não os acompanham na escola, os estudantes brasileiros estão sozinhos em buscar motivos para freqüentarem as aulas e conquistarem boas notas.

A principal motivação para o aluno estudar deve vir de dentro de sua própria casa, atitudes simples podem trazer bons resultados, basta apoiar e acreditar na capacidade do estudante em aprender. É a sociedade como um todo quem ganha com mais anos de estudo de sua população.

Texto de ago/2009

5 anos de Pesquisas e-Números - Cotidiano

As crianças nos abrigos – SP

Pela primeira vez foi traçado o perfil das crianças e jovens que vivem em abrigos na cidade de São Paulo. Este trabalho foi feito pelo Núcleo de Estudos e Pesquisas sobre a Criança e o Adolescente da PUC-SP, Associação dos Pesquisadores de Núcleos de Estudos sobre Crianças e Adolescentes e Universidade Cruzeiro do Sul, com apoio do Tribunal de Justiça de SP e do Ministério do Desenvolvimento Social.

Das 4.800 crianças que vivem em abrigos na capital paulista, 67% têm famílias, isto é, de cada três, apenas uma não tem família.

A falta de emprego e moradia foi o motivo para que 33% das famílias levassem suas crianças aos abrigos.

Em 42% dos casos o abrigo é visto com bons olhos pelas mães que deixam os seus filhos lá, porque é uma opção onde eles recebem alimentação e cuidados com a escola e saúde, não os deixando nas ruas.

Em contrapartida 38% acham ruim o fato das crianças ficarem longe das famílias.

40% das mães já viveram em abrigos, ou tiveram algum parente próximo que viveu nessas condições.

A falta de estrutura e de esperança numa vida melhor das mães faz com que a melhor alternativa encontrada para oferecer mais oportunidades aos seus filhos seja a sua colocação nos abrigos.

É louvável esse trabalho que mostra o perfil das crianças e jovens abrigados em São Paulo, o problema não está nas crianças, mas principalmente no seu núcleo familiar. A família deve ser o principal pilar da sociedade, todas as políticas de assistência social devem buscar o fortalecimento das relações familiares, a sociedade como um todo ganha com isso.

Texto de ago/2009

Os analfabetos na escola

Foram apresentados os dados do Observatório da Equidade, que faz parte do Conselho de Desenvolvimento Econômico e Social (CDES), pela especialista em educação de jovens e adultos da Universidade de São Paulo (USP) Maria Clara Di Pierro,

5 anos de Pesquisas e-Números - Cotidiano

durante seminário sobre os dois anos do Plano de Desenvolvimento da Educação (PDE).

Os dados são de 2007, indicam que 42% dos analfabetos brasileiros já freqüentaram a escola alguma vez. Esse número preocupa, já que em 2006 eram 40% e 38% no ano de 2005. Os analfabetos que freqüentaram a escola estão crescendo.

A média de estudo da população brasileira de 15 anos ou mais de idade é de 7,3 anos. Esta média é maior na região Sudeste (7,9 anos) que na Nordeste (6 anos), maior na área urbana (7,8 anos) que na rural (4,5 anos).

Neste blog, no dia 14 de julho, comentei pesquisa da FGV (Fundação Getúlio Vargas) sobre a evasão escolar, que era de 2,7% entre as crianças de 10 a 14 anos, e depois crescia para 17,8% entre as crianças de 15 a 17 anos de idade.

Temos cada vez mais crianças freqüentando a escola, a evasão escolar é baixa nos primeiros anos de estudo, mas as escolas não estão ensinando corretamente, já que tem aumentado o número de pessoas que freqüentam os bancos escolares sem saber o que estão fazendo lá.

A valorização do professor é fundamental para que a escola possa realmente transmitir conhecimento ao aluno, que possa se motivar quando está na sala de aula. E isto não pode ficar apenas nas costas do Governo, a comunidade deve ajudar na valorização de todo o sistema educacional, seja como for, das formas que puder, porque quem ganha com isso não é apenas o aluno, mas toda a sociedade.

Texto de set/2009

Hábito da leitura - a mãe é fundamental

Está sendo realizada no Rio de Janeiro a XIV Bienal do Livro, no Riocentro, durante os dias 10 e 20 de setembro. Vamos analisar alguns números divulgados por lá.

Com base na Pesquisa de Orçamentos Familiares, do IBGE, chega-se a 7,47% os brasileiros que costumam comprar livros não-didáticos, gastando R$11,00 por ano. Este valor é menor que o gasto médio anual familiar com revistas, que é de R$42,00, e com jornais, cujo valor é de R$17,00. Poucos brasileiros têm o hábito de ler, e gastar com livros então, nem pensar.

5 anos de Pesquisas e-Números - Cotidiano

A pesquisa Retratos da Leitura no Brasil, feito pelo IBOPE a pedido do Instituto Pró-Livro, mostra que o hábito da leitura começa em casa. Para 49% dos leitores o incentivo a leitura por prazer veio de sua mãe. Entre as crianças de 5 a 10 anos, o estímulo materno à leitura corresponde a 73% dos casos. Este hábito deve iniciar cedo nas pessoas, ainda crianças, com o incentivo caseiro.

Neste blog, dia 2 de agosto, comentei sobre a importância dos pais na educação dos filhos, onde os brasileiros não participam ativamente da vida escolar dos seus filhos, agora, com essa pesquisa do IBOPE sobre os hábitos de leitura, reiterando a importância que a família tem na formação das crianças.

Mais uma vez, através de pesquisas e números, fica comprovada a importância da família como célula social mais importante na formação do cidadão. A participação ativa dos pais na educação dos filhos é fundamental para o desenvolvimento do país. Cada um fazendo a sua parte, começando dentro da própria casa, traz benefícios à sociedade como um todo.

Texto de set/2009

E as crianças?

A PNAD 2008 (Pesquisa Nacional por Amostra de Domicílios), divulgada pelo IBGE essa semana, que já comentamos alguns aspectos sobre escolaridade nesse blog, traça um perfil das crianças brasileiras.

Entre as crianças de 4 e 5 anos, 72,8% estão na escola, mais que no ano anterior, que era de 70,1%. Entre 6 e 14 anos o índice vai a 97,5%, superior aos 97,0% de 2007. Até essa idade a taxa de evasão escolar é pequena, como já comentamos nesse blog.

Entre as crianças de 5 a 17 anos, 10,7% está trabalhando, este índice diminuiu em relação a 2007, que era de 10,9%. Entre 5 e 9 anos 0,9% das crianças trabalha (Em 2007 era 1,0%), e de 10 a 13 anos são 6,1% que trabalham (Em 2007 era 7,5%). Os índices de trabalho infantil diminuíram em relação ao ano anterior.

A escola e a família são fundamentais no desenvolvimento e na formação das crianças para se tornarem bons cidadãos no futuro e construírem uma sociedade melhor. Considero altíssimo o índice de 0,9%

5 anos de Pesquisas e-Números - Cotidiano

das crianças brasileiras de 5 a 9 anos que já está trabalhando, nessa idade qualquer número acima de Zero é inconcebível. Temos que lutar para que os índices de trabalho infantil diminuam até chegar a Zero ao mesmo tempo em que a porcentagem das crianças na escola chegue aos 100%.

Texto de set/2009

Quem quer ser professor?

Os alunos brasileiros fazem o ENEM (Exame Nacional do Ensino Médio), que funciona como uma avaliação do nível de ensino no país e pode significar a entrada do estudante na faculdade.

Podemos dizer então que uma das funções do ENEM é abrir as portas ao estudante para o seu futuro, para ajudar a estudar no ensino superior o curso que lhe dê uma profissão para a sua vida.

O Boletim de Estudos Educacionais do Inep, divulgado em setembro de 2009, faz uma pergunta, sobre qual profissão o aluno que está fazendo o ENEM gostaria de seguir, e fornece 7 opções de respostas, sendo uma das opções "Professor de Ensino Fundamental e Médio".

Entre os jovens de 17 a 20 anos que fizeram o ENEM em 2007, 25% ainda não tinham escolhido a profissão, enquanto a resposta de 5,2% deles foi na opção "Professor de Ensino Fundamental e Médio".

Considerando entre os 75% que optaram por uma profissão, 6,69% é a probabilidade de seguir a carreira no magistério, sendo que entre as mulheres essa probabilidade é de 7,21% e entre os homens de 5,60%. O Boletim de Estudos Educacionais do Inep concluiu que o perfil de quem pretende ser professor pertence ao sexo feminino, estudou sempre em escola pública, tem renda familiar de até dois salários mínimos, a mãe nunca estudou e tirou uma nota abaixo de 20 no ENEM (numa escala de 0 a 100).

O MEC (Ministério da Educação) está veiculando na televisão o vídeo a seguir, uma propaganda sobre a importância que vários países dão ao professor.

Na Finlândia um professor é recrutado entre os 10% dos melhores alunos graduados, na Coréia do Sul este índice é de 5%, e a média do Programme for International Student Assessment (**Pisa**) da Organização para a Cooperação e Desenvolvimento Econômico (OCDE) é da escolha do professor entre os 30% melhores graduados.

5 anos de Pesquisas e-Números - Cotidiano

Nesse blog alguns posts têm destacado a importância da educação na formação do cidadão brasileiro, e a falta de motivação de alunos e professores no sistema educacional. Com esses dados vemos que a valorização do professor é um dos itens fundamentais para a melhora do sistema, e nesse item o Brasil está na contramão de outros países, infelizmente.

Texto de set/2009

O Bolsa Família e a escola

"O Programa Bolsa Família (PBF) é um programa de transferência direta de renda com condicionalidades, que beneficia famílias em situação de pobreza (com renda mensal por pessoa de R$ 70 a R$ 140) e extrema pobreza (com renda mensal por pessoa de até R$ 70), de acordo com a Lei 10.836, de 09 de janeiro de 2004 e o Decreto nº 5.209, de 17 de setembro de 2004." Este é o 1º parágrafo da definição do que é o Programa Bolsa Família, no website do MDS (Ministério do Desenvolvimento Social).

As condicionalidades deste programa vieram no sentido de oferecer melhores condições de educação, saúde e assistência social aos beneficiários do mesmo, a responsabilidade pelo cumprimento destas condições é dividida por quem recebe este benefício e por quem efetua o seu pagamento.

Já vimos nesse blog a importância da educação, da motivação e da freqüência às aulas para um futuro melhor do nosso Brasil. A condicionalidade referente à educação diz respeito à freqüência escolar, que deve ser no mínimo de 85% para as crianças entre 6 e 15 anos e de 75% para quem tem 16 e 17 anos. A obrigatoriedade de freqüentar a escola é um motivador para que a família receba este benefício, e todo fator que possa motivar a ida da criança à escola é válido.

Infelizmente o MDS não consegue acompanhar a freqüência escolar de 23% dos jovens cadastrados, e entre os estudantes entre 6 e 15 anos a falta de controle é de 14,32%.

O sistema educacional brasileiro está com problemas faz tempo, prejudicando a formação do brasileiro. A educação é um dos pilares do desenvolvimento de uma nação, o Brasil está tentando mudar essa situação (exemplo temos nesse blog, ontem).

5 anos de Pesquisas e-Números - Cotidiano

Tudo que puder motivar o estudante a frequentar a escola é válido, como é o caso desta condicionalidade na área da educação no Bolsa Família, mas tem que melhorar este controle para o bom funcionamento do programa e diminuir a evasão escolar.

Texto de set/2009

O IDH no Brasil

O IDH (Índice de Desenvolvimento Humano) é uma forma de medir e comparar o desenvolvimento dos povos. Este índice considera que o avanço da população depende de características sociais, culturais e políticas, além da dimensão econômica, que influenciam a qualidade de vida da população.

É um índice chave dos Objetivos de Desenvolvimento do Milênio das Nações Unidas e no Brasil é utilizado pelo governo como um banco de dados com informações sócio-econômicas sobre os municípios e estados brasileiros.

Como vemos no gráfico acima, divulgado hoje, o Brasil ficou em 75º entre os 182 países analisados. Estes números são referentes ao ano de 2007. Valores entre

0,800 e 0,899 são considerados como de desenvolvimento humano elevado. Acima de 0,899, 38 países, são considerados como de desenvolvimento muito elevado. A Noruega é o país líder deste ranking.

Melhoramos com relação a 2006, agora o IDH é de 0,813, enquanto no ano anterior fora de 0,808. No IDH divulgado ano passado a nossa colocação era de 70°, mas a metodologia foi aperfeiçoada, mais países foram acrescidos à lista, e nesses novos cálculos o Brasil já ocupava o 75° lugar no ano anterior.

Podemos dizer que os dados são antigos, referentes a 2007, mas o mais importante é que houve um avanço em relação ao ano anterior. Por mais modesto que tenha sido esse avanço é importante cada vez mais as políticas públicas em prol da saúde e do sistema educacional dos brasileiros, e da ajuda de cada cidadão fazendo a sua parte, **como temos comentado frequentemente neste blog.**

Texto de out/2009

5 anos de Pesquisas e-Números - Cotidiano

É Dia do Professor

Hoje, 15 de outubro, é comemorado o Dia do Professor, no Brasil. Você pode saber mais sobre o porquê da origem desta data clicando aqui.

Pelos censos do Ministério da Educação, no Brasil há 3.618.778 professores no país, sendo:

1.882.961 professores brasileiros na educação básica
685.025 no ensino fundamental
430.281 na educação especial
236.170 na educação de jovens e adultos
49.653 na educação profissional
334.688 na educação superior

Vamos considerar que existem 70 milhões de brasileiros, homens e mulheres, com idade superior a 18 anos e inferior a 70 anos. Comparando o número de professores fornecido pelo MEC, podemos dizer que pelo menos 5% da população nacional com idades entre 18 e 70 anos é professor ou professora.

Isto que não estamos considerando os professores de línguas estrangeiras, de esportes e de outras atividades que também ensinam e ajudam na formação do profissional brasileiro.

Neste blog já falei sobre a importância do professor, na importância do fator educação no IDH(Índice de Desenvolvimento Humano), na valorização do professor no mundo todo, a mãe como professora e incentivadora à leitura nas crianças, os analfabetos na escola, a ajuda importante dos pais auxiliando o trabalho dos professores no ensino, a motivação dos alunos e professores na escola e sobre a evasão escolar.

O Professor é o formador do profissional brasileiro, é a figura principal no crescimento e no desenvolvimento de qualquer país, inclusive o Brasil, por isso a fundamental importância de sua atividade para todas as pessoas.

Professor, Parabéns pelo seu dia !!!

Texto de out/2009

Que você quer ser quando crescer?

Toda criança já ouviu a pergunta:

O que você quer ser quando crescer?

5 anos de Pesquisas e-Números - Cotidiano

Na revista Veja desta semana, na matéria de capa aparecem as carreiras e cursos de vestibular mais procurados pelos estudantes que buscam o ensino superior.

Medicina é a intenção de 159.428 dos vestibulandos das universidades federais brasileiras e da Universidade de São Paulo. O segundo curso mais tentado é o de Engenharia, com 139.414 vestibulandos. Completando o pódio na 3ª posição está o curso de Direito, com 95.335 candidatos.

Entre as seis atividades mais bem pagas no Brasil, conforme estudo da Fundação Getúlio Vargas com base em dados do IBGE, estão profissões oriundas dos 3 cursos mais procurados nos vestibulares. Assim vemos a importância do aspecto financeiro na hora de escolher uma profissão.

A vocação é importante na hora de escolher uma profissão. Qual a sua vocação? Faça o teste da Veja e descubra.

O que é mais importante, buscar uma profissão onde goste de trabalhar ou que pague bem? Se conseguir trabalhar com prazer, fizer o que você gosta, vai fazer bem feito, e a conseqüência do trabalho bem feito é a boa remuneração. Ou seja, dessa forma a vocação e o retorno financeiro caminham juntos, é o ideal.

Um texto muito interessante sobre a expectativa do estudante sobre o seu futuro pode ser lido no blog O esporte, a sociedade e o mundo dos negócios, por Adriano Berger.

Texto de nov/2009

Todos pela educação

Há um movimento de diversos setores da sociedade que tem por objetivo efetivar o direito a educação de qualidade para todos. O Movimento Todos pela Educação estabeleceu 5 metas que o Brasil deve alcançar até 2022:

1ª Toda criança e jovem de 4 a 17 anos na escola

Hoje esse índice é de 90,6% no Brasil.

2ª Toda criança plenamente alfabetizada até os 8 anos

5 anos de Pesquisas e-Números - Cotidiano

Hoje não há nenhuma estatística e instrumento de avaliação sobre esse assunto no país.

3ª Todo aluno com aprendizado adequado à sua série

No Brasil hoje esse percentual é de 27,9% em Português e de 23,7% em Matemática na 4ª série; 20,5% em Português e 14,3% em Matemática na 8ª série; de 24,5% de Português e de 9,8% de Matemática na 3ª série do Ensino Médio.

4ª Todo jovem com Ensino Médio concluído até os 19 anos

Entre os brasileiros com idade até 19 anos esse índice é de 44,9%. O índice de jovens de 16 anos que terminaram o Ensino Fundamental e que poderiam chegar em 3 anos a concluir o Ensino Médio é de 60,5%, ou seja, 1 em cada 4 estudantes que terminam com 16 anos o Ensino Fundamental não conseguem terminar, ou começar, o Ensino Médio no tempo certo.

5ª Investimento em educação ampliado e bem gerido

O Brasil gasta 3,9% do PIB em Educação Básica, até 2010 esse número deveria chegar a pelo menos 5%.

Não pode ser considerado um "gasto", mas sim um "investimento" do país com retorno certo e garantido.

Você que acompanha o **Blog** sabe dos meus esforços em escrever e divulgar pesquisas e números sobre o sistema educacional em nosso país. Aqui tem mais um movimento da sociedade para ajudar, para valorizar, para fazer da educação para todos uma bandeira nacional, porque a educação deve ser prioridade, deve ser estratégia de desenvolvimento duma nação. Toda a sociedade ganha com a educação.

A educação é para todos e todos pela educação!

Texto de nov/2009

O computador nas escolas públicas

A Fundação Victor Civita, o Ibope Inteligência e o LSI TEC (Laboratório de Sistemas Integráveis Tecnológicos) mapearam o uso do computador e da internet em 400 escolas públicas nas capitais brasileiras.

5 anos de Pesquisas e-Números - Cotidiano

O tamanho médio das escolas pesquisadas era de 988 alunos e 47 professores, um professor para cada 21 alunos.

A televisão (99%) e o DVD player (98%) são equipamentos presentes nas escolas. 28% das escolas tem entre 1 e 10 computadores, 29% de 11 a 20, 28% de 21 a 30 e em 15% das escolas pesquisadas há mais de 30 computadores. Já o laptop está presente em 26% das escolas, sendo que em 20% há apenas um.

Os funcionários administrativos e diretores utilizam o computador 4,7 dias por semana, em média, enquanto os professores e seus alunos utilizam 2,6 dias por semana esses equipamentos de informática na escola.

O computador está na sala dos professores em 56% das escolas, enquanto em 54% delas há um laboratório de informática, mas 18% das escolas que têm laboratório não trabalham com os alunos.

Os programas mais utilizados pelos professores com seus alunos são editores de texto (50%), sites e programas de visualização de mapas (44%), editor de apresentação (43%), enciclopédias (40%) e editor de desenhos e imagens (38%). Esses programas também são os maus usados pelos professores quando estão sozinhos, sem seus alunos.

A tecnologia está aí para ser usada nas escolas, para auxiliar nos projetos político-pedagógicos e no planejamento das aulas pelos professores. É uma importante ferramenta na motivação dos alunos e professores no processo de aprendizado. Um dia chegaremos a ter um computador em cada carteira escolar. Isso já ocorre de forma semelhante na Inglaterra, onde cada estudante tem seu Iphone.

Texto de dez/2009

O internauta e seus anos na escola

Estudo realizado pelo Eurostat Indica entre os cidadãos europeus mostra a freqüência do uso da internet. Foram analisadas residências com pelo menos um morador, entre 16 e 74 anos de idade.

Das pessoas cujo estudo é baixo acessam com freqüência a internet 38% delas, enquanto esse índice vai a 87% entre aquelas que têm maior tempo de escola e faculdade. Essa diferença é maior entre os europeus com idades entre 55 e 74 anos, 15% entre os com menos estudo e 69% entre os que passaram mais tempo

5 anos de Pesquisas e-Números - Cotidiano

na escola. Na faixa etária entre 16 e 24 anos essa diferença diminui, fica 83% a 97%.

Uma conclusão é que as pessoas entre 16 e 24 anos acessam a internet regularmente, não dependendo tanto do nível de escolaridade. É um público que está familiarizado com essa ferramenta.

Outra conclusão é a da própria pesquisa, onde quanto maior o tempo dedicado aos estudos mais regularidade é o acesso à internet e a busca por informações e conhecimento.

O que importa é o papel fundamental da internet no dia a dia das pessoas. Vimos nesse blog que as pessoas acham desculpas para não praticar exercícios regularmente, mas sentem prazer em passear com seu cão. A mesma coisa ocorre com a internet, por mais corrido que esteja o dia das pessoas, elas sempre conseguem um tempo para checar emails e dar um oizinho no Twitter, Messenger, Facebook,Skype, Orkut e outras mídias. E visitar meu blog né, para saber o que andei escrevendo por aqui.

Texto de dez/2009

Aumento das despesas com educação

A Gazeta do Povo calculou quanto custa manter um filho em idade escolar em 2010 nos colégios particulares da capital paranaense.

A média do valor das mensalidades subiu 8,7%, o transporte escolar 14%, a lista de material escolar subiu 13%. Com isso o "custo educação" está 9,6% mais caro que ano passado. Se considerarmos que a inflação esperada para 2010 deve ficar próxima dos 4,6%, conforme expectativa média dos analistas, percebemos que a educação vai subir o dobro da inflação esperada para o ano.

Mas nem tudo subiu, os preços dos cadernos de desenho e de aritmética estão 15% mais baratos, enquanto os cadernos universitários de 200 folhas baixaram 3,4% seus preços em relação ao ano passado.

A educação é fundamental para o desenvolvimento humano, é a formação do cidadão que está em jogo, e o futuro da nação depende da qualidade do sistema educacional. Meu sonho é chegar ao final de 2010 podendo medir com pesquisas e números não apenas a subida do "custo educação", mas também, e principalmente, o crescimento na qualidade do ensino das nossas escolas.

Texto de fev/2010

Do you speak english?

Heim? O que você disse?

A Catho consultoria em recursos humanos fez uma pesquisa para saber como anda o conhecimento da língua inglesa entre os trabalhadores brasileiros.

Apenas 5,5% dos funcionários das empresas brasileiras falam e escrevem fluentemente em inglês. Entre as empresas multinacionais este índice sobe a 13,6%.

Dentro da hierarquia na empresa há diferença entre os funcionários "chão de fábrica" que dominam o inglês, que é de 2,9%, para os cargos de diretoria, que são 18,6%. Ou seja, quanto mais alto o cargo e mais responsabilidades a função exige, maior o nível de conhecimento da língua inglesa.

Uma conclusão que chegamos vendo esses números é que o inglês ajuda a subir na carreira, é uma capacitação a mais no currículo e no conhecimento que cada pessoa deve ter.

Outra conclusão é que o inglês ainda é desconhecido e ignorado pela imensa maioria da população, e na hora de procurar emprego, ou buscar uma promoção dentro da empresa que trabalha, pode ser o diferencial que está faltando.

Texto de mar/2010

Procuram-se trabalhadores

Para quem está procurando emprego, as notícias são boas, está sobrando vagas no Brasil.

A Fundação Dom Cabral fez uma pesquisa nas 76 maiores empresas no país, e 67% destas estão tendo dificuldade em contratar funcionários.

5 anos de Pesquisas e-Números - Cotidiano

Nos supermercados do Paraná há 4 mil postos de trabalho abertos esperando os candidatos para preenchê-los.

No Pesquisas e Números já estamos acompanhando esta retomada da economia brasileira traduzida em novas vagas de emprego sendo criadas. Em novembro comentávamos do recorde de vagas abertas no país, em fevereiro víamos uma pesquisa feita com executivos no país onde o índice de intenções de contratações de pessoal era maior no Brasil que nos outros países.

Mas há 8 milhões de desempregados no Brasil. Por que essa contradição?

Em março comentamos aqui outra pesquisa afirmando que o ano de 2010 terminaria com empregos sobrando pela falta de qualificação dos candidatos. E acredito que isto seja um dos fatores para essa contradição, de termos 8 milhões de pessoas procurando emprego ao mesmo tempo que as empresas não conseguem preencher as vagas que abrem.

A qualificação do brasileiro, um melhor preparo, maior conhecimento, só traz benefícios, tanto para quem está desempregado quanto para quem está trabalhando e para quem é empreendedor.Conhecimento nunca é demais.

Texto de jun/2010

Você se considera uma pessoa bem informada?

Esta pergunta foi realizada para 12 mil brasileiros de quase 600 municípios em todos os estados nacionais pelo Instituto Meta, e a resposta foi:

48,3% se consideram pouco informados;
44,8% informados;
6,4% muito informados;
0,5% não souberam responder a questão.

Podemos dizer que metade dos brasileiros se consideram informados, enquanto a outra metade não tem a preocupação de se manterem informados.

A medida que a renda familiar aumenta o nível de preocupação em manterem-se informados cresce.

Após conversas ou debates com amigos e familiares, 67,2% não mudam a sua opinião, enquanto 26,7%

podem ser convencidos a mudarem de opinião. Mesmo que a conversa seja com alguém que conhece mais sobre o assunto em questão, mas em menor proporção, 61,1%.

O brasileiro é um povo que não se preocupa muito em manter-se atualizado, informado, mas é teimoso, não costuma mudar de opinião facilmente.

Texto de jul/2010

Procura-se: Trabalhador Qualificado

No final de 2009, e no início deste ano escrevemos aqui sobre as vagas de emprego que estavam surgindo, inclusive com a previsão de que ao final de 2010 alguns estados brasileiros não conseguiriam preencher todas as vagas que iriam surgir.

O mercado de trabalho funciona como todos os mercados, quando você procura alguma mercadoria e não encontra na lojinha perto da sua casa você vai buscar em outros lugares, até conseguir finalmente encontrar o que estava procurando. A mesma coisa ocorre com as vagas de emprego, busca-se o candidato primeiro na vizinhança, se não encontrar amplia-se o leque até conseguir preencher esta vaga.

Assim as empresas brasileiras estão fazendo, procurando trabalhadores em outros países para ocupar as vagas qualificadas de emprego que estão surgindo. A média é de 17% de aumento todos os anos de trabalhadores recrutados fora das fronteiras nacionais, sendo que no 1º trimestre de 2010 esta entrada de trabalhadores estrangeiros bateu recorde no país.

Quem são esses trabalhadores estrangeiros que estão ocupando as vagas que os brasileiros não têm qualificação suficiente para ocupá-las?

Dos vistos de trabalho concedidos neste 1º trimestre, 80% estavam vinculados a funções técnicas e com transferência de tecnologia, 60% são possuidores de diploma universitário, no mínimo. Os vistos de trabalho são concedidos por tempo determinado, no máximo de 2 anos, podendo ser renovado.

O desemprego ainda não será zerado, 2010 ainda não será o ano que todo brasileiro terá o seu emprego, mas para quem tem mais anos de estudo, mais qualificação, a situação está um pouco melhor que para os que não se prepararam.

Nunca é tarde para buscar algum curso, alguma forma de melhorar a qualificação e incrementar o currículo, para que as empresas brasileiras não precisem sair das nossas fronteiras para achar trabalhadores qualificados.

Texto de ago/2010

Palmadas na lei

Mais uma lei polemica é aprovada no Brasil, proibição de dar palmadas nas crianças.

Uma lei é promulgada para que hábitos e costumes das pessoas sejam legalizados e os desvios no comportamento possam ser punidos.

Para saber quais os hábitos e costumes da população curitibana sobre a palmada na educação das crianças, a Paraná Pesquisas saiu as ruas para consultar quem tem filhos menores de 21 anos. A pesquisa foi publicada na Gazeta do Povo.

A maioria dos pais entrevistados, 88% levaram palmadas quando eram crianças, sendo que 77% as consideraram justas. 72% são favoráveis à aplicação de palmadas como uma forma de educar e 70% já usaram esta forma de castigo físico em seus filhos.

A lei veio na contramão dos hábitos e costumes da população, apenas 30% afirmaram ser favoráveis a ela. A palmada foi, e ainda é, uma forma que os pais tem para educarem os filhos. Claro que aqui a palmada não pode ser confundida com espancar os filhos, bater para machucar, de maneira violenta, porque dessa forma a violência gera mais violência e ao invés de educar acaba criando uma criança que será um adulto violento. No momento que a palmada vira agressão física violenta, não é necessária uma "lei da palmada" para enquadrar os pais, bastava aplicar as leis que punem agressões físicas.

Texto de nov/2010

Valores humanos

Qual a importância dos valores humanos para o desenvolvimento dos países?

5 anos de Pesquisas e-Números - Cotidiano

Pensando nisso a ONU divulgou um estudo inédito no mundo sobre um índice capaz de fazer essas medições, o IVH (Índice de Valores Humanos). O IVH indica o grau de respeito a valores nas áreas de saúde, conhecimento e padrão de vida, retratando as vivências nas áreas de saúde, educação e trabalho.

No Brasil os dados para o cálculo do IVH foram coletados pelo Instituto Paulo Montenegro, ligado ao IBOPE, pesquisando 2.002 brasileiros em 148 municípios em 24 estados brasileiros.

O índice vai de 0 a 1, o Brasil obteve IVH de 0,59, sendo que na área de saúde foi o valor mais baixo, 0,45, em educação ficou em 0,54 e chegou a 0,79 em trabalho, mostrando que a vivência dos brasileiros no ambiente de trabalho é superior às demais. Na região sul é onde o IVH-T (relativo ao trabalho) atinge seu maior valor, 0,84

Na área educacional, a opinião de 35,7% dos brasileiros é que a educação deve priorizar conhecimentos no sentido de formar bons cidadãos, para 30,5% é importante para conseguir emprego, 23,3% consideram que a educação forma boas pessoas e 10,5% consideram-na importante para ter uma boa vida.

Já na área de saúde, a maioria dos brasileiros considera demorado o atendimento em postos de saúde e hospitais, para 42,8% consideram regular o interesse dos profissionais de saúde quando estão sendo atendidos.

O IVH do Brasil não é alto, esse é um índice importante, os valores humanos devem ser respeitados e preservados. A subida desse índice não depende do crescimento econômico ou de políticas governamentais, mas sim das atitudes de todos nós, individualmente, que podemos, e devemos, melhorar os nossos valores humanos, só temos a ganhar com isso.

Texto de nov/2010

Trabalhador com estudo amplia seu espaço

O IPEA, com base na PNAD, do IBGE, afirma o que temos analisado no Pesquisas e Números sobre emprego e trabalho no Brasil, que o trabalhador mais capacitado, com mais anos de estudo, está ampliando seu espaço no mercado de trabalho.

5 anos de Pesquisas e-Números - Cotidiano

No período de 2001 a 2009, os trabalhadores com mais de 11 anos de estudo aumentaram a sua participação no mercado de trabalho em 15%, enquanto os que têm até 3 anos de estudo perderam 9% e os com 4 a 10 anos de estudo perderam 6% da fatia que tinham do mercado de trabalho em 2001.

Nesse período foram gerados mais postos de empregos em todos os segmentos, com exceção do agrícola, que perdeu 13%.

A melhor capacitação profissional é benéfica para todos, para a pessoa, que ganha conhecimento, e para a empresa, que tem funcionários mais qualificados, que significa maior produtividade. A economia nacional também ganha, com a maior produtividade das empresas e das pessoas.

Texto de nov/2010

Escolas ou cadeias?

É melhor prevenir do que remediar.

Este ditado popular se encaixa ao compararmos os gastos governamentais com estudantes e com presos no estado do Paraná.

Pelas contas do governo paranaense, cada estudante paranaense custa R$230, enquanto cada preso representa R$1500 por mês a menos nos cofres governamentais do estado.

Analisamos no Pesquisas e Números o crescimento da população carcerária brasileira, conforme os dados do anuário de segurança pública. A economia antropométrica, analisada por Gregory Price, considera que os atributos físicos influenciam na escolha das empresas na hora de contratar seus funcionários, fazendo com que diminuam as oportunidades e aumentem as desigualdades sociais. O crime pode ser considerado um problema social, de falta de oportunidades.

Temos acompanhado por aqui a importância da educação para melhor capacitação e melhores condições de vida às pessoas, como uma maneira de ascensão e conquistas sociais.

5 anos de Pesquisas e-Números - Cotidiano

Vamos utilizar os números paranaenses para comparar: para cuidar de 2 presos no Paraná são gastos o mesmo valor em dinheiro que para ensinar 13 estudantes.

Ao considerarmos que através da educação, de mais anos na escola, a pessoa tem acesso a mais oportunidade, diminuindo a criminalidade, os gastos com presos poderiam ser revertidos em investimentos nos alunos nas escolas.

Até mesmo na comparação presos e estudantes, a educação é benéfica para a sociedade, mostrando que via educação é possível prevenir ao invés de remediar, fazendo um bem inclusive para os cofres públicos, já que o dinheiro na educação é investimento, enquanto com os presos é dinheiro gasto.

Texto de dez/2010

Questão de educação

Mês de fevereiro significa volta às aulas para a maioria dos estudantes brasileiros. Vamos falar da importância da educação para a sociedade e desenvolvimento do país.

No PISA, Programa Internacional de Avaliação de Alunos, elaborado a cada 3 anos pela OECD, o Brasil é o 53º melhor país em termos de educação. Como são avaliados 65 países, estamos na rabeira deste ranking, piores que nós apenas Colômbia, Kazaquistão, Argentina, Tunísia, Azerbaijão, Indonésia, Albânia, Qatar, Panamá, Peru e Quirguistão.

Mas nosso resultado no Pisa pode ser comemorado, apesar da posição no ranking. Estamos evoluindo a cada rodada de avaliação, feita de 3 em 3 anos. Em 2009 nossa pontuação ficou em 401, superior aos 384 de 2006, que já superava timidamente os 383 de 2003 que era acima dos 368 atingidos em 2000. A média dos países analisados na atual pesquisa foi de 496 pontos.

Se fôssemos analisar apenas os estudantes de escolas federais, nossa média seria de 528, que nos colocaria entre os 8 melhores. A média das escolas particulares foi

5 anos de Pesquisas e-Números - Cotidiano

de 502, suficiente para nos deixar entre os 20 melhores. Em compensação, a média das escolas públicas estaduais e municipais, de 387 pontos, nos colocaria entre os 8 piores.

Estes resultados nos mostram onde deve estar a prioridade para a melhoria no sistema educacional brasileiro, nas escolas públicas que são responsabilidades dos Governadores dos Estados e dos Prefeitos dos Municípios.

Isto não quer dizer que apenas Prefeitos e Governadores devam se preocupar com a melhoria de suas escolas, mas também o Governo Federal deve contribuir para que a boa qualidade de suas escolas possam ser aplicadas às estaduais e municipais. A sociedade também deve ajudar, apoiando e cobrando seus governantes para que a educação seja realmente prioridade em suas administrações, porque a educação não é apenas para os alunos das escolas, mas sim para a sociedade, já que quem está na sala de aula hoje é o futuro de nosso país.

Texto de fev/2011

Evasão escolar na faculdade

Temos acompanhado aqui no Pesquisas e Números várias questões sobre o sistema educacional no Brasil.

É importante fortalecer a base, o ensino fundamental e médio, para que o estudante chegue com boas condições e conhecimento na faculdade.

O ensino superior ainda é privilégio da minoria no país, não chega a 13% da população adulta. Mas até mesmo o ensino superior no Brasil precisa ser revisto.

Em 2009 foram mais de 5 milhões de alunos matriculados no ensino superior, sendo 1,7 milhões ingressando na faculdade naquele ano, 827 mil concluíram o curso superior e 896 mil deixaram a faculdade. Menos da metade dos alunos, 47%, conseguem se formar no período de 4 anos.

O número de alunos que desistiram no meio do curso é maior que os que concluíram. A evasão das universidades públicas foi de 10,5% em 2009, enquanto nas particulares foi de 24,5%.

5 anos de Pesquisas e-Números - Cotidiano

Um dos principais motivos para a evasão das universidades particulares é o valor da mensalidade. Se 1 em cada 4 alunos não consegue se manter estudando, os outros 3 que se mantém acabam pagando o custo do desistente. Para que a instituição de ensino consiga cumprir com seus compromissos financeiros e oferecer ensino de qualidade, as taxas de inadimplência e de desistência devem ser consideradas na planilha financeira da faculdade, com isso, este ¼ de desistência faz com que os ¾ restantes acabem pagando ¼ a mais em suas mensalidades. Para que a taxa de desistência diminua, as faculdades têm que achar o ponto de equilíbrio entre o valor a ser cobrado na mensalidade que não pese tanto no bolso dos seus alunos e que seja suficiente para que a instituição mantenha a qualidade de ensino. Não é fácil achar esse valor, já que mesmo nas universidades públicas a evasão existe.

Ao fortalecer o ensino fundamental e médio, as chances do estudante chegar melhor preparado e capacitado no ensino superior aumentam, fazendo com que a evasão escolar na universidade diminua. Ou seja, é preciso pensar no sistema educacional como um todo, em todas as etapas do aprendizado.

Texto de fev/2011

O retorno do investimento em educação

Quando é que se define se uma determinada despesa pode ser considerada como gasto ou como investimento?

O Investimento ocorre basicamente quando você gasta R$1 e o retorno deste gasto é maior que os R$1, assim esse valor foi investido para gerar mais do que apenas os R$1.

Na educação e na saúde, para cada real que é aplicado o retorno chega perto do dobro no Brasil. A cada R$1 que é aplicado na educação o PIB nacional cresce em R$1,85, enquanto na saúde este retorno é de R$1,70.

Este é o resultado do estudo feito pelo IPEA chamado "Gasto com a Política Social: Alavanca para o Crescimento com Distribuição de Renda".

Como temos analisado e comentado aqui no Pesquisas e Números, a educação é fundamental para o crescimento do nosso país, além de melhorar a qualidade de vida e do emprego dos nossos cidadãos,

5 anos de Pesquisas e-Números - Cotidiano

este estudo agora mostra que o retorno financeiro do investimento em educação é considerável.

A educação melhora a condição de vida individual do cidadão brasileiro que se torna mais capacitado para ocupar bons postos de emprego, melhora a produtividade das empresas, com funcionários melhor qualificados, e agora comprovadamente aumenta a renda nacional, com este retorno financeiro maior que o valor que é investido na área educacional.

Texto de fev/2011

O atraso brasileiro

A criança com 10 anos de idade deve ter cursado 4 anos de estudo. Isto é o ideal. No Brasil com esta idade a criança estudou por 2,3 anos, segundo dados de 2009, apesar de ter melhorado timidamente, já que em 1999 era 2,2. Esses dados estão na Revista Nova Escola.

Seguindo esta linha, com 14 anos de idade o ideal seriam 8 anos de estudos, no Brasil em 2009 eram 5,8, superior aos 5 anos de 1999. Ou seja, dos 10 aos 14 anos, em 4 anos, os anos de estudos cresceram de 2,8 para 3,5 anos, melhorando o aproveitamento e o tempo na escola. Houve uma evolução, mas ainda estamos longe do ideal.

No 5º ano de estudos, 34,2% dos alunos brasileiros estavam com desempenho escolar adequado à série na matéria de língua portuguesa e 32,6% em matemática. Em 4 anos, no 9º ano, este desempenho piora, cai para 26,3% os alunos com desempenho adequado em língua portuguesa e 14,8% em matemática. Há prejuízo no acompanhamento durante esses anos, fazendo com que o aluno passe de ano, mas sem o conhecimento adequado e esperado.

O aluno de hoje é o trabalhador, é o empreendedor, é o futuro do Brasil, por isso é importante que o sistema educacional continue evoluindo, mas a passos mais rápidos, para que tenhamos uma nação mais capacitada e com competências que nos leve a um crescimento econômico sustentável. Sem educação de qualidade, tratada com seriedade, dificilmente chegamos a lugar algum.

Texto de mar/2011

Para aprender melhor

Como fazer os alunos renderem mais, aprenderem mais?

Esse sempre foi um desafio para professores e educadores, que aos poucos a ciência vai desvendando, pesquisando o que pode ajudar nessa direção.

Nos Estados Unidos, o psicólogo David Wiseman mostrou fotos de supostas professoras para 128 estudantes, algumas professoras tinham tatuagens, outras não. As professoras tatuadas deixaram melhores impressões nos alunos.

Outra pesquisa, da Universidade de Virginia, também nos Estados Unidos, revelou que os meninos aprendem mais quando estão em movimento, isso é ocasionado pela diferença existente entre meninos e meninas no aprendizado, elas são mais verbais, controlando mais seus impulsos, enquanto eles são fisicamente mais ativos, aprendem melhor pelo contato físico.

Mais uma pesquisa americana, publicada no jornal oficial da Academia Americana de Pediatria, concluiu que as

63

crianças que tem mais feriados durante o ano tiram notas mais altas na escola.

Por estas pesquisas americanas, o aluno naquele país aprende mais se a professora estiver tatuada, se for menino ele deve ficar circulando pela sala de aula, isso sem contar que a escola deve estar cheia de feriados, aí sim o aprendizado vai render.

Que bom se fosse assim tão simples melhorar o aprendizado, conforme essas pesquisas americanas sugerem.

No Pesquisas e Números vimos a importância da presença dos pais para o sucesso da vida escolar de seus filhos, que o hábito da leitura da mãe é fundamental para as crianças. Acredito mais numa participação ativa dos pais junto aos seus filhos do que professoras tatuadas em salas de aula como maneira de melhorar o aprendizado dos estudantes.

Texto de mar/2011

5 anos de Pesquisas e-Números - Cotidiano

O dinheiro na educação

Vamos tratar de um assunto importantíssimo para todas as pessoas no Brasil, que é a educação e o dinheiro que é nela aplicado.

O Ibope tem uma ferramenta de potencial de mercado que analisa 50 diferentes grupos de produtos, chamada de Pyxis Consumo, e um dos itens considerados é o potencial de gasto com mensalidades e matrículas escolares no Brasil em 2011. Para 2011 a estimativa é de R$268 mensais por aluno.

As despesas do governo paranaense com a educação nos mostraram que o estudante deste estado custa R$230 aos cofres públicos, enquanto cada preso representou despesas mensais de R$1500, analisados por aqui também. Para manter um preso são necessários 6,5 estudantes nas salas de aulas paranaenses.

Vimos no Pesquisas e Números que para cada real investido em educação o retorno é de R$1,85 no PIB, ou seja, na educação toda despesa é investimento.

Se considerarmos o crime como uma questão social, apesar de estudos americanos indicarem que atributos físicos são mais importantes, a melhoria na educação pode representar melhoras nas condições sociais da população brasileira, diminuindo a criminalidade, e o valor que é gasto com os presos no país.

Este potencial de consumo educacional levantado pelo Ibope representa um retorno ao país de R$496 por mês por cada aluno na escola. Pelos números do governo paranaense, este retorno é de R$425, enquanto os gastos com os presos são custos mesmo, não é investimento que traz retorno produtivo deste dinheiro.

Fica evidente que o dinheiro que é aplicado na educação deva ser uma prioridade, seja por parte dos governos como das pessoas, já que é um investimento que traz retorno, a pessoa que recebeu este investimento ganha, e a nação também, com a maior capacitação e qualificação de seus cidadãos.

Vamos investir mais em educação!!!

Texto de mar/2011

5 anos de Pesquisas e-Números - Cotidiano

Jobs sobrando no Brasil

Há cerca de um ano atrás analisávamos que estavam surgindo mais vagas de emprego no Brasil do que a capacidade de preenchê-las com trabalhadores formados no nosso país.

Agora, depois de mais um levantamento do Ministério do Trabalho e Emprego sobre os trabalhadores estrangeiros que solicitaram visto de trabalho em nosso país, mostra que os números analisados pelo Pesquisas e Números estavam certos, que estão sobrando vagas de empregos qualificados em nosso país, que acabam sendo preenchidos por trabalhadores de níveis técnico e superior de outros países.

Os principais países que tiveram trabalhadores de nível técnico e superior solicitando visto de trabalho no Brasil foram os Estados Unidos, Filipinas, Inglaterra e Alemanha. A média de pedidos no 1º semestre de 2011 foi 20% superior ao mesmo período de 2010, sendo que os feitos por profissionais com níveis acima do superior, com mínimo de pós-graduação, mais que dobraram neste período.

Como já vimos por aqui, o trabalhador com estudo tem ampliado o seu espaço de trabalho no Brasil, mas mesmo assim não conseguimos formar profissionais suficientes para ocupar todas as vagas qualificadas que surgem na economia nacional. Tanto é que quem está ocupando as vagas ociosas são trabalhadores capacitados de países com grau de desenvolvimento econômico mais avançado que o nosso, mostrando que essas vagas são de qualidade, senão os estrangeiros não se sentiriam atraídos e viriam atrás dos nossos "Jobs" (empregos em inglês).

Fica cada vez mais importante a melhoria do sistema educacional brasileiro, que é o caminho para que nosso país consiga se desenvolver e crescer economicamente. A recompensa por mais anos de estudo não é apenas da pessoa que estuda, o país inteiro ganha com esse maior preparo de sua população.

Texto de set/2011

5 anos de Pesquisas e-Números - Cotidiano

A escola e a insegurança

A escola é um lugar seguro para as crianças e adolescentes freqüentarem?

Para responder a perguntas como essa a Paraná Pesquisas foi às ruas saber a opinião dos paranaenses sobre a segurança e as escolas neste estado.

Para 52% dos paranaenses a escola não é um ambiente que deixa os pais tranqüilos, sendo que 58% consideram que tanto as públicas quanto as particulares passam a mesma sensação de intranqüilidade.

A evasão escolar tem como uma das suas causas a violência. O IHA, Índice de Homicídios em Adolescentes mostra que um em cada quinhentos adolescentes entre 12 e 18 anos morre assassinado no Brasil, fazendo com que a cada ano sejam 5 mil adolescentes a menos em nosso país.

O problema existe, a escola não está sendo considerada como local seguro, então o que fazer, gastar mais na segurança das escolas, para se equiparar o gasto público nas escolas e nas penitenciárias, como já analisamos por aqui, qual a solução?

A solução está na própria escola, no sistema educacional, já que a educação mostra que mais anos de estudo aumentam as possibilidades das pessoas melhorarem de vida, terem mais condições de entrarem no mercado de trabalho, diminuindo as desigualdades sociais existentes.

Mas infelizmente isto não ocorre da noite para o dia, é um processo contínuo que nunca deve parar. Por isso iniciativa como do Projeto Não-Violência é válida, por trazer a importância de se desenvolver e fortalecer uma cultura de paz nas escolas.

Esta não é uma questão apenas de pais, alunos e educadores, mas de todo o país, não podemos nos esquecer que as crianças e adolescentes que estão nas escolas hoje são o futuro do Brasil, serão nossos chefes, funcionários e prestadores dos serviços que iremos precisar no futuro.

Portanto essa missão é de todos nós, todos devem participar, seja diretamente, ou indiretamente, sendo exemplo de conduta e comportamento a ser seguido por crianças e adolescentes.

Texto de out/2011

5 anos de Pesquisas e-Números - Cotidiano

Falta de qualificação

Quantas vezes você ouve falar que o estudante sai da escola, da faculdade ou onde for, sem estar preparado para o mercado de trabalho, que na prática a teoria é outra?

Quase todos os dias vemos esse tipo de comentário, mas a Consultoria McKinsey fez uma pesquisa entrevistando 8100 empregadores, educadores e profissionais recém formados em vários países do mundo para saber a visão deles sobre esse tema.

A demora para preencher vagas de emprego abertas que são colocadas na culpa da má qualificação profissional pelos empregadores chega a 53% na India, 45% nos Estados Unidos, 30% na Inglaterra enquanto no Brasil esse índice chega a 48%.

Na opinião dos próprios educadores, que formam esses profissionais,
a qualificação dos recém formados é suficiente para ingressar no mercado de trabalho, essa é a opinião de 87% dos educadores nos Estados Unidos, 83% na India, 61% na Inglaterra, enquanto no Brasil o valor é de 67%.

Reparamos nesses números que mesmo entre os educadores há a avaliação de que os estudantes saem dos bancos escolares sem a devida preparação profissional, esse fator não existe apenas nos países emergentes, como Brasil e India, mas até mesmo nos Estados Unidos há essa discrepância.

Essa diferença entre o que os educadores e os profissionais consideram como formação profissional adequada para os futuros trabalhadores é a que deve ser tratada para que haja uma comunicação maior entre a faculdade e a empresa, para que os bancos acadêmicos possam formar pessoas com as competencias que as empresas precisam, todos ganham com isso, o estudante, a empresa e a faculdade.

Texto de out/2011

5 anos de Pesquisas e-Números - Cotidiano

Cultura

O anuário cultural brasileiro

Foi divulgado pelo MinC (Ministério da Cultura) o Anuário de Estatísticas Culturais do Brasil 2009, mostrando em 243 páginas os números da cultura em nosso país. É um estudo aprofundado e muito interessante, para se ter uma idéia, o sumário contém 20 páginas.

São considerados como equipamentos culturais o cinema, a videolocadora, lojas de discos, CDs e DVDs, bibliotecas públicas, livrarias, museus, teatros e centros culturais.

Bibliotecas públicas são 4.951 em todo o país, 793 apenas em Minas Gerais, o estado brasileiro com maior número, representando 16% do total nacional. Está presente em 89,05% dos municípios no país, e nos estados do Rio de Janeiro e Espírito Santo todos seus municípios estão servidos por pelo menos 1 biblioteca.

Existem videolocadoras em 82% dos municípios brasileiros. No Espírito Santo o índice de salas de cinemas por grupos de 100.000 habitantes é o menor do país, mas os capixabas são os que estão melhor servidos de videolocadoras, que atingem 98,72% dos seus municípios, enquanto o estado pior servido neste item é Roraima, com 53,33% dos municípios.

Os museus cadastrados no país são 2.496, presentes em todos os estados. Em São Paulo está o maior número, 410, que representa 16,4% de todos os museus brasileiros. Em 21,9% dos municípios tem pelo menos 1 museu cadastrado no Minc.

Existem 1.229 teatros no país. São Paulo é onde se concentram 24,9% deles (306), mas todos os estados brasileiros possuem pelo menos 1 teatro, que é o caso de Tocantins. No estado do Rio de Janeiro 55,43% dos seus municípios tem pelo menos 1 teatro.

São 2.098 salas de cinemas no Brasil, distribuídas em 482 municípios, ou seja, apenas 8,7% das cidades nacionais possuem cinemas. São Paulo é o estado com maior número, 722 (34,4%), enquanto nos estados do Acre e Roraima são apenas 2 salas no estado. No estado do Rio de Janeiro 41,30% dos municípios têm cinemas, Vitória (ES) é a capital com menor índice de salas de cinema por grupos de 100.000 habitantes, 0,18, enquanto Rio Branco (AC) tem o maior índice, 1,57.

Se o cinema está presente apenas em 8,7% dos municípios nacionais, pode-se alugar algum filme em alguma videolocadora, presente em 82% dos municípios. O hábito de leitura do brasileiro é pequeno, mas pelo menos existem bibliotecas oferecendo opções de leitura em 89,05% dos municípios.

Opções o brasileiro encontra na maioria dos municípios, basta apenas aumentar seu interesse pela cultura. Cultura é conhecimento, é informação que se adquire e se acumula durante a vida. É uma forma de enriquecer a educação, ela complementa a educação. Tudo que somar ao processo educacional engrandece o cidadão e melhora a sua formação.

Texto de out/2009

Meios de comunicação no Brasil

Comentamos ontem nesse blog sobre os equipamentos culturais à disposição do brasileiro.

Foi divulgado pelo MinC (Ministério da Cultura) o Anuário de Estatísticas Culturais do Brasil 2009, mostrando em 243 páginas os números da cultura em nosso país. É um estudo aprofundado e muito interessante, o sumário contém 20 páginas.

Nesse anuário foi levantada também a situação dos meios de comunicação no país.

Possuem jornais impressos locais 36,80% dos municípios brasileiros, chegando a 81,52% dos municípios do estado do Rio de Janeiro.

Revistas impressas locais estão presentes em 7,7% dos municípios no país, no estado do Rio de Janeiro são 27,17% os municípios com revistas locais impressas.

Emissoras de rádio AM locais estão presentes em 21,20%, e apesar de 34,78% dos municípios cariocas terem emissoras, o estado de Mato Grosso do Sul é o estado com maior percentual de municípios atendidos, com 37,18% deles.

No caso das rádios FM locais, sua presença cobre 34,30% dos municípios no país, e é em Pernambuco que está a maior porcentagem, 63,78%.

A rádio comunitária é uma realidade presente em 48,60% das cidades, o Amapá é o estado melhor servido por elas, que estão presentes em 81,25% dos seus municípios.

No Brasil, 9,6% dos municípios declararam ter geradoras de TV, é no Amazonas o maior percentual de municípios com geradoras de TV, estando presente em 64,52% deles.

Diferente do caso das emissoras de rádio, as geradoras de TV comunitárias estão presentes em menor número que as de maior alcance, estando em 2,30% dos municípios no país. No estado do Rio de Janeiro é onde este número é maior, 9,78% possuem TV comunitária.

95,11% dos municípios brasileiros são atendidos pela programação da TV aberta, e apenas nos estados de Roraima e de Rondônia têm menos de 80% dos municípios cobertos por sinais de TV aberta.

Há provedores de internet presentes em 45,60% dos municípios brasileiros, no estado de Mato Grosso esse percentual chega aos 80,85%. Vimos nesse blog que é de 23,8% o percentual de domicílios nacionais com acesso à internet.

5 anos de Pesquisas e-Números - Cotidiano

Através dos meios de comunicação a população se atualiza e se comunica. O acesso à informação é importante para formar o cidadão consciente de seu papel na sociedade, e somado a melhorias no sistema educacional brasileiro, que esperamos que aconteça num futuro próximo, aumentam o poder de crítica e de análise do cidadão, que passa a ficar mais consciente dos seus direitos e deveres na sociedade.

Texto de out/2009

No banho o Brasil dá um banho

Para saber os hábitos de higiene dos países no mundo, e poder compará-los, a Reckitt Benckiser, indústria de produtos de higiene e cuidados pessoais, fez uma pesquisa mundial com mais de 45 mil pessoas. No Brasil foram 1.057 entrevistados em 4 capitais.

O brasileiro lava as mãos 35,7 vezes por semana, 5 por dia. A média é parecida com países como Itália, França, Rússia, Reino Unido, Alemanha, Estados Unidos, China, Índia e Japão, que lavam as mãos de 31 a 37 vezes por semana. Se considerarmos 3 refeições e 3 idas ao banheiro todos os dias, é pouco o hábito de lavar as mãos 5 vezes por dia, sinal que não são em todas as refeições ou em todas as idas ao banheiro que as mãos são lavadas nesses países.

O chuveiro é ligado 19,8 vezes por semana no Brasil, índice maior que as 7,4 vezes dos americanos e 5,6 dos britânicos.

A banheira é utilizada pelos russos 3,8 vezes por semana, pelos brasileiros 2,5 enquanto os japoneses vão à banheira 8,5 vezes na semana.

Na Itália o chuveiro é utilizado 6,1 vezes na semana para o banho, mas 11,5 a pia é utilizada e em 13,7 vezes na semana o bidet serve a esses propósitos.

Os hábitos de higiene dos povos são difíceis de serem alterados, faz parte da cultura local, portanto, para a indústria e comércio de produtos de higiene e cuidados pessoais o importante é direcionar os seus produtos para os públicos específicos. Esse é o papel do planejamento do marketing. Por exemplo, produtos para banhos de banheira encontram o seu maior público consumidor no Japão, enquanto produtos dirigidos ao bidet têm mais chance de sucesso na Itália que em qualquer outro país.

Texto de jun/2010

5 anos de Pesquisas e-Números - Cotidiano

Mais uma grande dúvida da humanidade solucionada

A grande dúvida, sobre quem veio antes, o ovo ou a galinha, finalmente foi desvendada por cientistas das Universidades de Warwich e Sheffield, na Grã-Bretanha.

Já haviam estudos na direção de que dois animais diferentes haviam cruzado e gerado um ovo, e deste ovo nasceu a primeira galinha, ou seja, o ovo havia surgido antes.

Mas, analisando a casca do ovo da galinha, com ajuda de um supercomputador chamado HECToR, verificou-se que a formação da casca do ovo depende da proteína chamada ovocledidin-17 (OC-17), que só é encontrada nos ovários da galinha. Essa proteína é fundamental no início da formação da casca, pois transforma o carbonato de cálcio em cristais de calcita, que compõem a casa do ovo.

A galinha veio antes do ovo. Essa é a resposta para a grande dúvida da humanidade.

Mas, já que a galinha botou o primeiro ovo, mostrando que chegou antes do ovo para botá-lo, de onde veio a primeira galinha?

Deixando de lado essas dúvidas existenciais da humanidade, esse estudo sobre a estrutura da casca do ovo é importante para ajudar a ciência na concepção de novos materiais e processos.

Texto de jul/2010

Ranking da felicidade

Tudo bem?

A resposta para essa pergunta pode vir de várias maneiras, sobre como vai a saúde, como foi o dia, mas, principalmente se a pessoa está feliz.

Pensando em medir a felicidade dos povos, o Instituto Gallup e a revista Forbes realizaram pesquisas entre 2005 e 2009 em 155 países, e o resultado foi a elaboração do ranking da felicidade da população destes países. As perguntas levavam as pessoas a avaliarem a satisfação geram com as suas vidas.

No Brasil 58% declararam-se felizes, e apenas 2% afirmaram estar sofrendo, chegando a uma nota média

5 anos de Pesquisas e-Números - Cotidiano

geral de 7,5, como o 12º país com a população mais feliz do mundo. Os países escandinavos lideram este ranking, enquanto países africanos, como Togo, Camarões e Burundi estão no final do ranking.

No Pesquisas e Números já falamos da importância da felicidade como parâmetro para medir a riqueza dos povos, com a Felicidade Interna Bruta, FIB, agora surge um ranking da felicidade para medir e comparar os países do mundo quanto à felicidade da população.

O bem estar, o bom humor, o estado de espírito, estão se tornando importantes no dia a dia das pessoas. É o que importa,não o quanto as pessoas têm de dinheiro, mas sim a vida que levam, e a qualidade de vida é fundamental no desenvolvimento humano. As pessoas felizes vivem mais e melhor, inclusive rendendo mais no trabalho, ajudando no crescimento do país em que vivem.

Texto de jul/2010

Chove lá fora e aqui vamos trabalhando

A chuva traz sentimentos opostos nas pessoas.

Enquanto uns odeiam porque tem que sair na chuva e provavelmente vão se molhar e permanecer molhados o restante do dia, outros ficam felizes com São Pedro quando decide mandar chuva à terra.

A chuva não traz alegria apenas aos agricultores que ficam esperando ela chegar para que a colheita seja farta, mas também os taxistas, motoboys, empresas de delivery de comida e lavanderias têm mais movimento em dias de chuva, como já analisamos por aqui.

A economista Marie Connolly da Universidade de Princeton, nos Estados Unidos, resolveu cruzar dados sobre o trabalho dos americanos com a meteorologia, para analisar o efeito da chuva na rotina de trabalho do americano.

As mulheres trabalharam 3 minutos a mais nos dias de chuva, enquanto os homens permaneceram em média 30 minutos a mais no trabalho enquanto chove.

5 anos de Pesquisas e-Números - Cotidiano

Esse resultado pode ser analisado por dois ângulos, o primeiro é que o homem é mais profissional, dedicando mais tempo ao trabalho, enquanto pelo segundo ângulo o homem tem mais preguiça de sair e se molhar, portanto fica esperando a chuva passar para sair do trabalho.

Qual das duas análises é a correta?

Hummm, acho que um pouco de cada.

Texto de nov/2010

Livros no Brasil

Quantos livros você leu este ano?

O Ibope, através da ferramenta de potencial de mercado Pyxis Consumo, estima em R$8,2 milhões os gastos dos brasileiros com livros e publicações em papel para 2012.

Este valor supera em 14,5% o consumo literário de 2011, sendo que 52% dos leitores estão na classe B, que corresponde a 24,5% dos domicílios nacionais. Por outro lado a classe DE, que corresponde a 20,5% dos domicílios consome apenas 3,7% dos livros.

Outra pesquisa, também do Ibope, sobre a leitura de livros digitais, mostra que 18% dos brasileiros já leram pelo menos um livro em formato digital, enquanto 45% nunca ouviu falar da existência de livros digitais. Entre os leitores digitais 94% gostaram da experiência, sendo que 54% gostaram muito desta leitura. Mais da metade desses leitores tem menos de 24 anos e 53% pertencem a classe AB.

No Pesquisas e Números havíamos analisado o consumo de mídia no Brasil, onde, em 2010, 47% dos brasileiros haviam lido pelo menos 2 livros nos últimos 6 meses. este índice superava os leitores frequentes de jornais e revistas no país.

A medida que a pessoa vai ficando mais escolarizada sua renda aumenta, pois aumenta sua capacitação e qualificação profissional. O Brasil está aumentando, ainda que timidamente, o nível escolar de sua população, dessa forma a tendência é de crescimento do consumo de livros no pais, não apenas no formato impresso como no digital, o potencial de crescimento desta área é grande.

5 anos de Pesquisas e-Números - Cotidiano

O hábito da leitura começa em casa, o incentivo caseiro é fundamental para iniciar e gostar de ler. Leia, compre livros e divida essa experiência com a sua família, com quem mora com você, leitura nunca é demais, não estressa nem cansa, muito pelo contrário.

Está sem idéia de qual será o próximo livro para ler, você pode escolher alguns livros neste link, tanto impressos como digitais.

Boa leitura!!!

Texto de nov/2012

O perigo da e-abstinência

No Pesquisas e Numeros já vimos o que as pessoas deixam de fazer para estarem conectadas a internet,

Uma pesquisa inglesa, da Swansea University, aprofunda o estudo sobre a dependência que os internautas têm de estar sempre conectados, bem como dos seus efeitos psicológicos nas pessoas.

A Universidade, situada na Grã-Bretanha, pesquisou 60 pessoas com idade media de 25 anos, fazendo diversos testes para checar seus níveis de vício na internet, alem do humor, ansiedade e depressão Depois eles tinham 15 minutos de navegação na internet antes de fazerem testes novamente.

Esse tempo de navegação na internet fez com que as pessoas analisadas se sentissem "aliviadas" por estarem na internet novamente, e a falta, a abstinência de internet as deixou mais irritadas, semelhante ao comportamento de outros vícios, como por exemplo o cigarro.

É exatamente aquela sensação que as pessoas tem de não poderem checar seus emails, status do facebook e outras coisas mais na internet, passa a impressao que estão perdendo alguma coisa importantíssima por não estarem na internet.

Esse vício tem cura?

Tem sim, como todos os outros vícios mas nem adianta procurar a cura no Google, busque apenas equilibrar mais a vida online com a pessoal, e claro, sempre visitando este blog, mas moderadamente

Texto de mai/2013

5 anos de Pesquisas e-Números - Cotidiano

Esporte

Os números no futebol

Vamos analisar um jogo de futebol pelas suas estatísticas do fim do jogo.

Um time deu 29 chutes ao gol, sendo que 8 foram em direção à meta, teve 17 escanteios a seu favor e teve a posse de bola por 56% do tempo.

O outro time teve 44% de posse de bola, chutou 9 vezes a bola ao gol, e apenas 2 foram na direção da meta, e pôde cobrar 3 escanteios durante a partida toda.

Antes de começar o jogo podemos dizer ainda que um time é o líder do ranking mundial, as últimas 15 partidas que disputou ganhou todas. Todas as vezes que os dois times se encontraram o vencedor foi o mesmo.

Estou falando do jogo de hoje da Copa das Confederações, disputado na África do Sul, entre as seleções de futebol da Espanha e dos Estados Unidos.

5 anos de Pesquisas e-Números - Cotidiano

Pelos números do jogo, e no histórico entre esses times há uma enorme vantagem à Espanha.

Resultado do jogo: Espanha 0 x 2 Estados Unidos. Infelizmente, para a equipe espanhola, o único número em que ela foi inferior neste jogo foi no de gols marcados, e é o único número que conta a história do jogo no futebol. A Espanha tem um retrospecto melhor, teve por mais tempo a posse da bola, chutou mais vezes ao gol, teve mais escanteios a seu favor, mas quem marcou os gols foi a equipe americana.

Qual a explicação? Coisas do futebol. O único número que interessa é o de gols marcados, e nesse caso a seleção americana de futebol foi superior.

Texto de jun/2009

Wimbledon 2009, pela primeira vez no tênis...

Domingo, 5 de julho de 2009, final do torneio de tênis de Wimbledon, em Londres, na Inglaterra, o suíço Roger Federer foi campeão derrotando o americano Andy Roddick por 3 sets a 2, parciais de 5/7 7/6 7/6 3/6 16/14.

Este jogo entra para a história do tênis mundial, pois na 1ª vez no tênis vimos:

- Um tenista, Roger Federer, ter somado 15 títulos em torneios de Grand Slam (série dos 4 principais torneios de tênis do mundo: 3 no Australian Open, 1 em Roland Garros (França), 6 em Wimbledon (Inglaterra) e 5 no US Open)

- Jogarem 77 games na final mais longa na história dos Grand Slams

- O 5º set mais longo (30 games) das finais dos Grand Slams

- A 7ª final seguida em Wimbledon com o mesmo tenista, Roger Federer, última vez que isso havia ocorrido foi em 1922

- A 20ª final de Grand Slam que jogou Roger Federer

- A 21ª semifinal consecutiva de Grand Slams com Roger Federer

- O 11º título de Roger Federer em quadras de grama (6 em Wimbledon e 5 em Halle, na Alemanha)

- 67 Títulos de Grand Slam reunidos, 16 na quadra (15 com Roger Federer e 1 com Andy Roddick), e pelo menos 51 assistindo ao vivo na quadra central (14 com Pete Sampras, 11 com Rod Laver, 11 com Bjorn Borg, 7 com John McEnroe, 6 com Boris Becker, 2 com Ilie

Nastase) (foto Agência/Getty Images, com Bjorn Borg, Pete Sampras, Roger Federer e Rod Laver)

- O recorde pessoal de Roger Federer de aces numa só partida, 50 saques indefensáveis, considerando que é necessário fazer pelo menos 4 pontos para cada game, com seu saque foram 12,5 games ganhos, dos 38 games feitos na partida (32,8%)

Apesar de todos esses títulos e recordes quebrados por Roger Federer, ainda tem outros números que o tenista suíço pode atingir:
- Pete Sampras ficou 286 semanas como líder do ranking mundial, Federer estréia hoje a sua 239ª semana
- Pete Sampras e Willian Renshaw tem 7 títulos de simples em Wimbledon, Federer chegou ao seu 6° troféu ontem
- Jimmy Connors venceu 233 partidas em torneios de Grand Slam, Federer ontem conquistou sua 182ª vitória
- Jimmy Connors conquistou 109 troféus de torneios da ATP (Associação dos Tenistas Profissionais), Wimbledon em 2009 foi o troféu de número 60 da coleção de títulos de Roger Federer
- André Agassi conquistou 17 títulos de torneios da séria ATP 1000 (Antigos Masters Series), Federer conquistou em Madrid, há pouco mais de um mês atrás, seu 15°

troféu, mas Rafael Nadal também tem esse mesmo número

A final de Wimbledon em 2009 foi inesquecível, além de colocar o suíço Roger Federer como um dos principais e maiores tenistas de todos os tempos, com certeza veremos o suíço quebrar ainda mais recordes na sua vitoriosa carreira.

Texto de jul/2009

Pratique esportes, e depois... uma cervejinha

Conforme estudo feito pelo CSIC (Conselho Superior de Investigações Científicas) da Espanha, a cerveja é recomendada como fonte de hidratação diária para os atletas. O estudo "Idoneidade da cerveja na recuperação do metabolismo dos desportistas" foi defendida pelo cardiologista medalhista de prata em basquete pela Espanha nas Olimpíadas de Los Angeles(1984) Juan Antonio Corbalán. Estudo realizado durante 2 anos, recomenda o consumo de 3 tulipas de 200ml de cerveja por dia para os homens e 2 para as mulheres.

5 anos de Pesquisas e-Números - Cotidiano

O médico Jomar de Souza, presidente da Sociedade Brasileira de Medicina do Exercício e do Esporte (SBME) considera que tomar de 200 a 500ml de água 30 a 50 minutos antes da atividade esportiva é suficiente para poder iniciar. A partir daí a recomendação é beber 200 ml de água para cada 20 minutos de atividades de até uma hora.

Considerando que a cerveja tem 95% de água na sua composição, é realmente recomendável seu consumo por esportistas, agora referendado por estudos científicos. Mas, se beber, não dirija, apenas relaxe e reponha as energias gastas na prática esportiva.

Texto de jul/2009

Que correria !

Dia 23 de agosto aconteceu a 7ª Corrida Troféu Duque de Caxias, na região do Ibirapuera, em São Paulo, com 2 distâncias, 10km e 4,3km de corrida, contando com a participação de mais de 8 mil atletas.

Esse esporte tem ampliado seu espaço entre os brasileiros. A Corpore, entidade paulistana sem fins lucrativos, centro de referência e representação do corredor junto à sociedade, com mais de 245 mil atletas cadastrados, estima que o Brasil tenha hoje 4 milhões de corredores. É um mercado que movimenta R$ 3 bilhões por ano apenas com as provas de corridas de ruas.

Em enquetes realizadas pela Corpore, a preferência do atleta é correr em parques (38,61%) e nas ruas (34,55%), treinar sozinho (78,73%), correr provas de 10km (50,05%), a maioria (81,36%) fez alguma avaliação médica para praticar o esporte.

Correr é simples, basta colocar shorts, camiseta, calçar seu tênis e sair por aí correndo.
É essa a idéia que temos quando pensamos nesse esporte, mas não é bem assim, vamos ver um quadro elaborado pela Gazeta do Povo dos equipamentos utilizado por esses atletas:

Boné - de R$ 39,90 a R$ 74,90
Óculos - de R$ 149,90 a R$ 719,90
Camisetas com tecidos adequado - de R$ 49,90 a R$ 169,90
Monitor cardíaco - de R$ 269,90 a R$ 3.799,90
Shorts - de R$ 56,90 a R$ 119,90
Gel repositor de energia (para treinos mais longos) - de R$ 1,50 a R$ 5,00

5 anos de Pesquisas e-Números - Cotidiano

Meia - de R$ 11,90 a R$ 34,90

Tênis - R$ 199,90 ate R$ 800,00

Começando a correr com esses equipamentos, o atleta gastaria de R$779,80 a R$5.724,40.

A prática de esportes é sempre saudável, e hoje em dia, além dos benefícios para a saúde dos praticantes, a corrida de rua pode ser classificada como um segmento da economia brasileira, e como tal gera lucros a todos os participantes. Os corredores mantém a saúde em dia enquanto os promotores dos eventos e todos os que trabalham nessa área tiram dessa atividade o seu ganha pão.

Texto de ago/2009

No Futebol: Argentina X Brasil

Neste sábado, 5 de setembro, tem um clássico do futebol mundial, em jogo válido pelas Eliminatórias sulamericanas da Copa do Mundo de 2010, jogam as seleções nacionais da Argentina e do Brasil.

Pelas contas da CBF (Confederação Brasileira de Futebol) a vantagem nos confrontos é brasileira: 92

jogos, com 36 vitórias brasileiras, 33 argentinas e 23 empates. É o adversário que os brasileiros mais vezes enfrentaram ao longo da história.

Mas, pelas contas da AFA (Associação do Futebol Argentino), foram 89 jogos, com 33 vitórias de cada equipe e 23 empates.

E agora, o que diz a FIFA?

Nas estatísticas da FIFA foram 93 jogos, com 35 vitórias brasileiras, 34 argentinas e 24 empates. Os brasileiros marcaram 145 gols, enquanto os argentinos levam vantagem, marcaram 149 gols nesses jogos.

Em Copas do Mundo, em 4 jogos o pentacampeão Brasil venceu 2 vezes, os bicampeões argentinos 1 vez e houve um empate.

Nas Eliminatórias para a Copa do Mundo foram 5 jogos, com 2 vitórias para cada lado e um empate.

Na Copa das Confederações foi um jogo, com vitória brasileira.

5 anos de Pesquisas e-Números - Cotidiano

Na Copa América foram 32 jogos, com 15 vitórias argentinas, 9 brasileiras e 8 empates.

Em 51 partidas amistosas, os brasileiros venceram 21 vezes, os argentinos 16, e em 14 vezes não houve vencedor.

Em 50 destes jogos, que foram na Argentina, os anfitriões levam vantagem, venceram metade, 25 jogos, enquanto os brasileiros venceram 11 vezes e o empate esteve presente em 14 ocasiões.

Em Rosário, palco do jogo deste sábado, houve apenas um jogo, pela Copa do Mundo de 1978, empate sem gols, pelos registros da FIFA. Pelos números argentinos, houve mais um jogo em Rosário, dia 16/08/1975, pela Copa América, com vitória brasileira por 1 a 0, mas pela FIFA este jogo foi realizado em Santa Fé.

Se até nos números há rivalidade, imagina dentro de campo então.
Este jogo não está na Loteca, na loteria esportiva, mas se fizesse parte o meu palpite seria de cravar um triplo.

Clássico é clássico, o resultado que der neste jogo não pode ser surpresa para ninguém, única certeza é de um jogo que vale a pena assistir   Texto de set/2009

Rio 2016 e a Bolsa de Valores

Hoje, em Copenhague, a cidade do Rio de Janeiro foi escolhida pelo COI (Comitê Olímpico Internacional) como a sede das Olimpíadas de 2016, ganhando das cidades de Madri, Tóquio e Chicago.

Além desta vitória no COI, comemorada pelo Brasil inteiro, não apenas na cidade vencedora, trouxe euforia imediata a outros setores, como na Bolsa de Valores de São Paulo, o índice IBOVESPA subiu 1,18% fechando o dia em 61.171 pontos. Até o índice argentino Merval nos acompanhou e fechou o dia em alta, de 0,09%.

Em contrapartida, as principais bolsas envolvidas na disputa com o Rio de Janeiro tiveram queda em seus índices, o japonês Índice Nikkei 225 fechou em queda de 2,47%, o espanhol IBEX-35caiu 1,66% e o americano Dow Jones caiu 0,23% no dia de hoje.

Claro que não foi apenas o COI o responsável pelas subidas e quedas nas Bolsas de Valores pelo mundo no dia 2 de outubro de 2009, mas podemos dizer que foi um dos fatores que ajudou a subir o Ibovespa enquanto os outros índices mundiais mostravam tendência de queda.

5 anos de Pesquisas e-Números - Cotidiano

A euforia está tomando conta do Brasil todo, até a Bolsa de Valores está otimista com as olimpíadas no nosso país.

Parabéns a todos que lutaram para trazer o evento esportivo mais importante do mundo para o Brasil !

Texto de out/2009

Copa do Mundo e Olímpiadas = Mais Exportações

Um estudo do banco britânico Barclays afirma que o fato do Brasil sediar a Copa do Mundo de futebol em 2014 e os Jogos Olímpicos em 2016 no Rio de Janeiro podem trazer um crescimento nas exportações brasileiras em 30%. Esse estudo toma como base a experiência de países que já sediaram eventos dessa natureza.

A projeção inicial de custos para a Copa do Mundo é de U$ 52 bilhões e de U$ 11 bilhões para as Olimpíadas, totalizando U$ 63 bilhões, representando 3,8% do PIB brasileiro. O histórico mostra que os orçamentos iniciais nesses casos sempre extrapolam, na China, os gastos foram 10 vezes maiores que o previsto, e para os Jogos Olímpicos de Londres, em 2012, a previsão de custo inicial era de 2,4 bilhões de libras, já está em 9 bilhões de libras, quase 4 vezes mais.

No Brasil, os investimentos em infraestrutura estavam em 0,72% ao ano, esse valor deve crescer para pelo menos 1,25% ao ano.

Conforme os últimos dados do Ministério do Desenvolvimento, Indústria e Comércio Exterior sobre a balança comercial brasileira, que são os valores das exportações e importações efetuadas pelo país, no mês de setembro de 2009, entraram no país U$ 13,8 bilhões através das exportações e saíram U$ 12,5 bilhões em compras do exterior, nas importações. Neste ano de 2009, as exportações responderam por U$ 111,8 bilhões e as importações por U$ 90,5 bilhões. O acumulado nos últimos 12 meses mostra que U$ 158,9 bilhões entraram graças a exportações e U$ 132,3 bilhões saíram pelas importações.

A previsão deste estudo do Barclays sendo confirmada, considerando o valor dos últimos 12 meses nas exportações brasileiras de U$ 158,9 bilhões, teremos 30% a mais, chegando, após esses 2 eventos esportivos no país, ao total de U$ 206,6 bilhões em exportações, em valores de hoje, sem considerar a atualização monetária.

O mais importante não é o valor em si, mas sim o que significa o crescimento de 30% nas exportações brasileiras. Isto significa que a produção brasileira terá que produzir pelo menos 30% a mais, e todo aumento na produção traz crescimento e desenvolvimento na economia, que conseqüentemente gera mais empregos no país. Boa notícia para quem está procurando emprego, e para quem está empregado, deve melhorar as condições de trabalho, inclusive na parte salarial, para que a economia nacional consiga produzir o suficiente para gerar esse incremento de 30% nas suas exportações.

Texto de out/2009

Cachorro ou academia? Dúvida cruel

Hoje, segunda-feira, início da semana, dia de começar a fazer dieta e exercícios físicos para perder as calorias que o fim de semana nos trouxe. Mas, onde fazer os exercícios, a academia é o lugar mais indicado?

Um estudo feito na Grã-Bretanha com 5 mil pessoas, sendo 3 mil donos de cachorros, analisou o tempo dedicado ao passeio com os cachorros e idas à academias de ginástica, publicado no Telegraph.

Os passeios com os cães são feitos pelo menos 2 vezes ao dia, de 24 minutos de duração em média, acrescente-se 3 passeios mais longos durante a semana, resulta no total de 2 horas e 33 minutos. Dessa forma chega-se a 8 horas semanais de caminhadas junto ao melhor amigo do homem.

Os britânicos freqüentadores de academia costumam passar 1 hora e 20 minutos semanais na academia ou em exercícios físicos ao ar livre.

Passear com seu cachorro é sentido como obrigação para apenas 22% de seus donos, enquanto 70% dos atletas consideram os seus exercícios físicos como uma tarefa a ser feita. Passear com o cachorro é mais prazeroso que freqüentar a academia.

E quando falta tempo na rotina diária dos britânicos, o que fazer?

5 anos de Pesquisas e-Números - Cotidiano

Para 60% dos donos de cães sempre é possível encontrar uma brecha no seu tempo para o passeio com seus cachorros. Por outro lado, 46% dos freqüentadores de academia sempre acham uma desculpa para não fazer os exercícios e "faltar" aos exercícios físicos.

Como vimos nesse blog, o cachorro está ocupando um espaço importante e cada vez maior nas famílias brasileiras, agora, com esse estudo inglês, passear com o cachorro é até mais saudável que ir à academias e fazer exercícios físicos.

Texto de dez/2009

O que beber após a prática de esportes?

O que é melhor após a prática de esportes, beber água, isotônico, cerveja ou leite?

No Jornal Hoje, da Rede Globo, de 4/2/2010, foi mostrada uma reportagem sobre uma pesquisa feita por pesquisadores britânicos e explicada por cientistas da Unicamp onde analisava-se os efeitos de tomar leite após a prática esportiva.

Na prática de esportes nosso corpo perde líquidos e sua reposição é necessária. Cientistas britânicos concluíram que o leite magro é mais eficiente na reidratação do corpo que a água ou o isotônico, além do que, a proteína do soro do leite auxilia na regeneração da musculatura gasta na atividade esportiva. A resposta do corpo é melhor quanto menor for o intervalo entre o término da prática esportiva e a ingestão do leite.

Aqui mesmo, no Pesquisas e Números, em julho de 2009, comentamos uma pesquisa do médico espanhol e medalha de prata olímpica com o basquete Juan Antonio Corbalán intitulada: "Idoneidade da cerveja na recuperação do metabolismo dos desportistas", onde é defendida a tese que a cerveja também pode ser usada como líquido para reidratação após a prática esportiva.

E agora, o que é melhor após a prática esportiva? Água, Isotônico, Cerveja ou Leite?

Bom, o importante nisso tudo é a prática de esportes, e a posterior reposição dos líquidos perdidos na atividade física, cada um fazendo a sua escolha. Após praticar esportes, eu, Romeu Friedlaender Jr, já bebi água, isotônicos e cerveja, só faltou o leite, mais uma opção para reidratar o corpo.   Texto de fev/2010

Exercícios físicos e perda de peso

Quanto tempo de exercício diário é necessário para perder peso? É uma pergunta que não quer calar.

O Brigham and Women's Hospital, junto com pesquisadores da Universidade de Medicina de Harvard, fizeram um estudo sobre esse assunto e publicaram em março de 2010 no Jornal da Associação Médica Americana. Pesquisaram mais de 34 mil mulheres saudáveis americanas durante um período de 13 anos.

Uma hora diária de exercícios com intensidade moderada é suficiente para que qualquer mulher com peso normal evite o ganho de peso. Este período para prática de exercícios é o suficiente para a mulher se manter saudável, mas não para emagrecer. Atividades físicas moderadas podem ser uma caminhada vigorosa, ciclismo, dança de salão, brincar com filhos e netos e passear com o cachorro, conforme já vimos aqui no "Pesquisas e Números".

O aspecto crucial no processo de perda e manutenção do peso é a ingestão calórica. Ou seja, a prática do exercício físico é importante para manter a mulher saudável, mas para a perda de peso o importante é o que a mulher come, a sua alimentação.

Texto de abr/2010

Duelo de reis

Neste domingo, 16 de maio de 2010, Rafael Nadal derrotou Roger Federer no torneio ATP Masters 1000, vencendo um torneio deste nível pela 18ª vez, tornando-se recordista na 2ª mais importante série de torneios no tênis profissional.

Rafael Nadal tornou-se o Rei dos ATP Masters 1000, ultrapassando o americano André Agassi, que conquistou 17 títulos. É o 5º maior vencedor de torneios no saibro, com 28 títulos, o líder é o argentino Guillermo Vilas, com 45 títulos nesse piso de quadras de tênis. É campeão olímpico, tendo vencido em Beijing no ano de 2008, além de ter 6 troféus de campeão em torneios de Grand Slam.

Já Roger Federer é o Rei dos Grand Slams, tendo vencido 16 vezes, que é o mesmo número de títulos de torneios ATP Masters 1000 que possui, e também é campeão olímpico, em 2008 em Beijing, vencendo o torneio de duplas, ao lado do compatriota suiço Stanislas Wawrinka.

Rafael Nadal e Roger Federer fizeram a sua 17ª final em torneios profissionais de tênis, estando perto de baterem o recorde de finais entre os mesmos tenistas, que é do tcheco Ivan Lendl e do americano John Mcenroe.

Ainda tem recordes para serem quebrados no tênis, e a chance é grande de um destes 2 tenistas, Rafael Nadal ou Roger Federer quebrarem e ampliarem ainda mais essas marcas.

Texto de mai/2010

A globalizada Copa do Mundo

Para a Copa do Mundo de futebol que se inicia hoje na África do Sul, são 32 seleções nacionais iniciando suas participações querendo saber quem será a grande vencedora do jogo final do dia 11 de julho.

Estarão em campo jogadores nascidos em 46 países diferentes. A França é o país onde nasceram 44 jogadores, depois têm 29 que vieram do Brasil e 28 da Argentina.

A própria seleção da França tem 21 atletas nascidos no país, completando a lista com 1 jogador nascido no Senegal e outro no Congo. Em compensação há 17 franceses jogando pela seleção da Argélia, 2 por Camarões, 2 pela Costa do Marfim, 1 por Gana e 1 pela Argentina.

O Brasil é um dos 8 países que têm todos os seus atletas nascidos no próprio país, mas 3 brasileiros jogam por Portugal, 1 pela Alemanha, 1 por Portugal e 1 pelos Estados Unidos.

A Argentina joga com 22 argentinos e 1 francês, e contribui com 3 atletas na seleção paraguaia, 1 na chilena, 1 na mexicana e 1 na italiana.

A Argélia é a seleção com menos atletas nascidos em seu território, com apenas 6, depois Portugal joga com 17 portugueses e a Suiça com 18 suiços.

O campeonato nacional que mais assiste a jogadores participantes desta Copa é o da Inglaterra, com 114 atletas, vindo depois o campeonato alemão, com 84, o italiano com 79 e o espanhol com 61. O campeonato brasileiro assiste 3 jogadores que vestem a camisa da seleção nacional, 1 jogando pelo Paraguai, 1 pelo Chile e 1 uruguaio.

O Barcelona cede 14 jogadores seus para disputarem esta Copa por 6 seleções diferentes, enquanto o Chelsea é ainda mais globalizado, com 14 jogadores em 7 seleções. O inglês Arsenal cede 10 jogadores, para 8 diferentes seleções, e com uma curiosidade, entre seus "jogadores de seleção" nenhum veste a camisa inglesa. O campeão europeu, Internazionale de Milão também cede 10 jogadores, para 7 diferentes países, e nenhum para a seleção de seu país, a Itália.

Realmente a Copa do Mundo está cada vez mais globalizada, abrangendo mais países e nações, mesmo que não estejam diretamente participando da competição.

Texto de jun/2010

Faturando na Copa do Mundo

Durante a Copa do Mundo, a economia nacional ganha, ou perde?

A ACSP divulgou pesquisa que mostra que o brasileiro pretende gastar R$181 com a Copa do Mundo, sendo 20% com comida. Se o Brasil estiver disputando a final no dia 11 de julho na África do Sul este valor deve chegar aos R$357.

Uma outra medida do movimento comercial são as consultas ao SCPC (serviço central de proteção ao crédito), que tem seu movimento aumentado de 20 a 50% horas antes dos jogos da seleção brasileira, enquanto durante o jogo a queda é de 97% do movimento normal do horário.

O Frigorífico Quatro Marcos fez um levantamento entre seus clientes, a venda de carnes subiu 20% em relação ao mesmo período de 2009.

São gerados 400 mil vagas de empregos temporários no país nessa época, conforme informações da Abrasel.(Associação Brasileira de Bares e Restaurantes). Esse número só não pe maior pela falta de qualificação, pois ainda há vagas esperando para serem preenchidas. Além das vagas criadas, houve um aumento de 10 a 15% nos salários do pessoal deste setor.

5 anos de Pesquisas e-Números - Cotidiano

A Copa do Mundo é uma oportunidade de negócios que é aproveitada por alguns segmentos econômicos, além do aumento do consumo de produtos para churrasco, os vendedores de pipoca, cerveja, tecido verde e amarelo, vuvuzelas e administradores de bolões também estão aproveitando esse evento para faturar.

A economia funciona desta maneira, da mesma forma que alguns setores perdem movimento e faturamento com as paralisações para os jogos da Copa do Mundo há gente faturando com produtos alusivos a este evento.

Texto de jul/2010

O esporte comunicando

O Ibope fez uma pesquisa sobre como anda a comunicação esportiva em nosso país, assunto importante, já que nos próximos anos os principais eventos esportivos serão em terras brasileiras.

Entre as transmissões de televisão nas últimas Olimpíadas e Copa do Mundo de futebol, os principais anunciantes em Tv aberta foram cervejas, refrigerantes e lojas de departamento, enquanto nas Tvs por assinatura foram cervejas, veículos e instituições financeiras. Mais uma vez a cerveja é lembrada, não apenas por quem pratica, como já vimos quão saudável ela pode ser, como pelos que assistem.

A televisão é o meio mais procurado para se informar sobre esportes, com 72%, depois vem o rádio, com 21% (rádios FM 12% e AM com 9%), a internet com 16% e os jornais com 15%.

Entre os que acompanham esportes pela Tv, 54% são homens, 39% pertencem à classe AB, 56% tem mais de 30 anos, 72% trabalham e 41% praticam esportes.

Já os que acompanham pela internet, 66% são do sexo masculino, 54% pertencem à classe AB, 62% tem menos de 30 anos, 59% trabalham e 55% praticam esportes, ou seja, o público que acompanha pela internet é mais jovem e esportista.

Os principais motivos que levam o telespectador a escolher o que assistir são: qualidade das reportagens e entrevistas (47%) e credibilidade das informações (18%).

Os internautas procuram informações para estarem sempre atualizados (32%), pelas notícias abrangentes (31%) e pelos conteúdos mais completos (28%). São

5 anos de Pesquisas e-Números - Cotidiano

aproximadamente 8 milhões de internautas brasileiros que procuram informações esportivas na internet, sendo que 75% assistem vídeos e 34% utilizam blogs, sejam de programas esportivos (13%), jornalistas esportivos (13%) e torcedores (10%).

A televisão é fonte de 93% dos que assistem futebol, sendo que 41% assistem vôlei, 29% Fórmula 1, 20% vôlei de praia e 17% basquete, entre os esportes preferidos do brasileiro. Além desses mais citados, eu pessoalmente me junto aos 10% da população que acompanham tênis na televisão.

Além do esporte em si, no que mais as pessoas prestam atenção durante as transmissões?

Nas marcas do uniforme – 69%
No local do evento – 68%
Na fala do locutor – 67%

Conhecer os hábitos e costumes da população, e do consumidor, é importante para todos os segmentos, não apenas para os profissionais de marketing, e com nosso país sendo sede dos mais importantes eventos esportivos do mundo nos próximos anos os hábitos esportivos ganham ainda mais importância.

Texto de out/2010

Roger Federer, mais um recorde na carreira

Pela sétima vez em Wimbledon o suíço Roger Federer levanta o troféu de campeão de simples de tenis. Com isso o suíço quebra mais alguns recordes que ainda não lhe pertenciam.

Apenas ele e o americano Pete Sampras tem 7 taças de campeão de simples de Wimbledon em sua prateleira.

Em maio de 2010 falávamos dos recordes de Roger Federer e Rafael Nadal, que ainda viriam conquistar novas marcas.

Roger Federer volta ao posto de número 1 do ranking mundial de tenis, igualando o recorde de Pete Sampras, e como não jogará nenhum torneio nesta semana, ficará mais que uma semana no posto, ultrapassando esse número, se tornando o maior de todos os tempos no topo do ranking.

Esta será a ducentésima octogésima sexta semana que o suíço fica como número 1, considerando que um ano tem 52 semanas, foram 5 anos e meio como o melhor tenista do mundo. Você consegue, ou conseguiu, ser o

5 anos de Pesquisas e-Números - Cotidiano

melhor aluno de sua sala no colégio por 5 anos? Roger Federer é muito mais que isso, seria o "melhor aluno da sala" na escola do tenis no mundo inteiro.

São 17 títulos de torneios Grand Slam, além dos 7 em Wimbledon, são 5 no US Open, 4 no Australian Open e 1 em Roland Garros, na França. Isto sem contar a medalha de ouro em duplas nas Olimpíadas de 2008.

Participou de 106 finais de torneios, vencendo 75, 70% delas, bom índice, de cada 10 finais de torneios que ele joga, leva 7 taças de campeão para casa.

Analisamos os recordes de Federer e as possibilidades de serem batidos, estão aqui nesse texto.

Roger Federer continua na ativa, jogando seu tenis, e sendo o melhor do mundo, de novo. Estes recordes poderão ser ampliados, dificultando ainda mais para quem tentar superá-los, a nós, que assistimos e gostamos quando o esporte é bem praticado, ficamos na torcida sabendo que veremos mais belas jogadas deste recordista.

Texto de jul/2012

Números Olímpicos

As Olimpíadas de Londres encerraram neste fim de semana, com recorde de medalhas conquistadas pela delegação brasileira. Lembrando que 20 anos atrás, nas Olimpíadas de Barcelona havíamos conquistado apenas 3 medalhas.

Ficamos na 22a posição, considerando nossas 3 medalhas de ouro, 5 de prata e 9 de bronze. Com estas mesmas 17 medalhas, mas trocando medalhas que quase foram ouro, como a prata do vôlei de praia com Emanoel e Allisson (se aquela ultima bola tivesse entrado), a do vôlei masculino (se um matchpoint fosse concretizado), do boxe com Esquiva Falcão (se os árbitros não descontassem os pontos de punição) e a do futebol masculino (se o Oscar acertasse a cabeceada no ultimo minuto do jogo), chegaríamos ao 12o lugar. Se apenas 2 destas 4 medalhas de prata fossem transformadas em ouro estaríamos na 15a posição. Considerando o azar das chaves que nossas equipes pegaram no handebol feminino e no basquete masculino bem como os milésimos de segundos que nossos nadadores estiveram de medalhas, chegaríamos ao recorde absoluto de medalhas olímpicas e de nossa melhor posição em uma edição dos Jogos Olímpicos desde seu início, ainda no século XIX.

Não podemos reclamar da performance de nossos atletas, onde na sua imensa maioria dedicaram mais que 100% de seus esforços para obterem o melhor resultado possível para o nosso pais. Concordo com Fernando Meligeni, que mostra o nosso espírito torcedor, quando sofremos, gritamos, vibramos e choramos por nossos atletas, mesmo sem entender nada do esporte, mas por sabermos que aquele atleta está nos representando da melhor maneira possível.

Além da performance esportiva temos o aspecto econômico das Olimpíadas, no Pesquisas e Números havíamos divulgado estudos que consideravam ganhos de exportação dos nossos produtos em 30% após os Jogos Olímpicos. Sem contar a quantidade de gente que acompanha os jogos, Londres 2012 foi assistida por 219,4 milhões de americanos (71% da população) e 52 milhões de britânicos (90% de sua população), considerando apenas a forca da audiência no pais sede e no campeão olímpico geral.

O lucro que este evento deixou em Londres foi de 16 bilhões de euros, chegando a 84% de ocupação da rede hoteleira, 98% do investimento na construção e manutenção das instalações olímpicas foi feito em empresas britânicas, 10 mil novos postos de trabalho foram criados, o movimento nos restaurantes cresceu 20%, nos bares e discotecas 24% durante o período olímpico. Até mesmo a cultura foi beneficiada, os teatros arrecadaram 114% a mais graças aos Jogos Olímpicos de Londres.

Agora somos Rio 2016, com a certeza que o ciclo olímpico que se iniciou na cerimônia de encerramento de Londres 2012 irá nos trazer o melhor resultado brasileiro numa edição de Jogos Olímpicos, além dos dividendos econômicos que um evento deste porte traz ao pais anfitrião.

Alea jacta est !!! (a sorte está lançada)

Texto de ago/2012

Números paralímpicos

Nesse domingo em Londres foram encerrados os Jogos Paralímpicos, com a melhor participação brasileira da historia dos jogos.

5 anos de Pesquisas e-Números - Cotidiano

Ficamos em sétimo lugar, com 21 medalhas de ouro, 14 de prata e 8 de bronze, melhoramos sobre os Jogos anteriores, de Beijing, onde ficamos com a nona colocação. Um detalhe interessante nessa performance nacional, tivemos mais medalhas de ouro que as de prata, que foram em número superior as de bronze, mostrando que a equipe brasileira foi um time vencedor.

Entre os Jogos de Beijing e de Londres o investimento no esporte paralímpico brasileiro dobrou, de 77 para 165 milhões de reais. Os patrocinadores dos próximos Jogos Olímpicos também manifestaram interesse em patrocinar os Jogos Paralímpicos no Rio de Janeiro em 2016.

Não é apenas o lado social que conta, mas a audiência do evento que cresce a cada edição, em Londres foram vendidos mais de 2,4 milhões de ingressos nos 11 dias, com uma média de 220 mil ingressos por dia de disputas. Foram disputadas 503 provas, em 20 esportes e 9 modalidades específicas. Na primeira edição, em Roma 1960, foram 23 países participando com 400 atletas, esses números foram evoluindo a cada edição, chegando a 166 países sendo representados com 4200 atletas em Londres 2012, em 2016 esse número deverá ser ainda maior no Rio de Janeiro.

Os atletas paralímpicos, antes de terem alguma deficiência que os permitam competir nesses Jogos, são acima de tudo atletas. As suas performances, em eventos da mesma categoria dos Jogos Olímpicos, são de índices suficientes para poderem competir nas Olimpíadas, que reúne a elite dos atletas e esportistas do mundo.

Parabéns a todos os atletas brasileiros, que nessas Paralimpíadas mostraram o seu valor como seres humanos e como atletas de primeira linha.

Texto de set/2012

5 anos de Pesquisas e-Números - Cotidiano

Ecologia

Consumo Consciente, a teoria é uma, mas na prática...

Em pesquisa realizada por alunos dos cursos de Administração e de Comunicação Social da UniCuritiba foi comprovado que a consciência ecológica da população curitibana das classes A e B é grande, mas ainda não é praticada na mesma proporção.

Foram perguntadas 25 ações de consumo aos entrevistados, e em 22 delas a resposta para o que acham correto era uma, e seus índices diminuíam quando perguntados se praticavam aquela ação que consideravam certa.

Esta pesquisa se assemelha com outra, realizada pela Paraná Pesquisas, no segundo semestre de 2008, sobre o lixo tóxico, onde os entrevistados, nesse caso toda a população da capital paranaense, demonstravam terem consciência do lixo tóxico, mas nem todos ajudavam na sua reciclagem.

5 anos de Pesquisas e-Números - Cotidiano

O importante nessas pesquisas é saber que a população tem consciência do que é certo, apenas não pratica, talvez por preguiça ou mesmo falta de hábito. Uma campanha estimulando a prática de ações ecologicamente corretas pode ajudar. Estamos comentando apenas pesquisas feitas com a população de Curitiba, mas essa deve ser uma ação nacional, deve se estender a toda a população brasileira, a todos os municípios.

Texto de jul/2009

Chove chuva

Em Curitiba está chovendo todos os dias desde a semana passada, é mais que a média histórica do mês de julho, segundo o Simepar. Como ainda temos alguns dias pela frente até terminar o mês, e a previsão é continuar esse clima, teremos um recorde pluviométrico na capital paranaense.

Tristeza ?

Não, muito pelo contrário, os motoboys, os taxistas, as lavanderias e os vendedores de guarda-chuvas estão adorando este tempo, é sinal de mais dinheiro no bolso.

Os serviços de motoboys de comidas em casa aumentam seus pedidos em 90% nesses dias. O serviço de secagem de roupas nas lavanderias aumenta pelo menos 30% nesses dias chuvosos.

Depois da tempestade vem a bonança, diz o dito popular, mas para alguns setores, é a própria chuva quem traz a bonança. Para quem está em Curitiba e não lembra mais como é um dia de sol na cidade, uma foto da Unilivre para alegrar o dia.

Texto de jul/2009

Dia Mundial Sem Carro

Hoje é o Dia Mundial Sem Carro.

O mundo todo é convidado a deixar seu carro em casa e realizar suas atividades diárias usando de outros meios de transporte. No Brasil, São Paulo tem a maior frota do país. Vamos analisar alguns números paulistanos.

São Paulo é a maior e principal cidade brasileira e sulamericana, é a 6ª cidade mais populosa do mundo e a

5 anos de Pesquisas e-Números - Cotidiano

14ª cidade mais globalizada do planeta, com o status de cidade global beta.

Pelas estimativas do IBGE e do Denatran, a cidade de São Paulo tem 4,35 milhões de veículos, 11 milhões de habitantes distribuídos em 1.522.986 km², o que resulta numa densidade demográfica de 7.216 habitantes por km², 2,85 veículos por km² e 1 carro para cada 2,5 habitantes.

O Movimento Nossa São Paulo, em parceria com o Ibope, divulgou no dia 18/9 a última edição da pesquisa sobre mobilidade urbana na cidade, onde foram entrevistadas 805 pessoas com mais de 16 anos entre os dias 28 de agosto e 02 de setembro deste ano.

Os maiores problemas de São Paulo estão nas áreas de saúde e educação, inclusive com índices maiores que o registrado ano passado. Logo depois está o trânsito, que numa escala de 0 a 10 obtém a nota 3.

Metade das casas paulistanas tem automóvel, dos quais apenas 21% não o utilizam para se locomoverem pela cidade, com isso o tempo médio gasto no deslocamento diário do cidadão é de 2 horas e 43 minutos, maior que no ano anterior, que era de 2 horas e 20 minutos.

Aumentou a porcentagem da população que utiliza o transporte coletivo. O tempo de espera nos terminais de ônibus aumentou, na opinião de 44%, enquanto 42% afirmam que o tempo de espera é o mesmo que ano passado.

Mesmo assim, 67% dos entrevistados afirmam que preferem que o investimento público na área seja direcionado ao transporte coletivo, com melhoras nos sistemas de metrô (que está fazendo 35 anos em 2009), ônibus e trens.

É a 6ª cidade mais poluída do mundo. Para 92% dos paulistanos a poluição é um problema grave que afeta a saúde das pessoas, e um dos maiores vilões é o trânsito, com a fumaça saindo dos escapamentos dos veículos.

O trânsito é um problema a ser resolvido em São Paulo, pois envolve diretamente a 3º maior preocupação dos paulistanos e indiretamente o maior problema, que é a saúde, prejudicada pela poluição que o tráfego de veículos provoca.

Mas não é tão simples resolver esse problema, já que cresce a porcentagem de veículos em posse dos cidadãos, que aumenta a sua circulação no trânsito, não há espaço físico para aumentar o tamanho das ruas na mesma proporção que o de número de veículos em circulação, ou seja, a situação tende a piorar.

A internet pode ser uma ajuda a esse problema. O comércio eletrônico, em alta no país, aliás, no mundo todo, faz com que as pessoas realizem mais compras sem precisar sair de casa, diminuindo a circulação de pessoas e carros. Acredito que as pessoas cada vez perdendo mais tempo no trânsito incentivam o uso mais freqüente da internet nas suas rotinas diárias.

Texto de set/2009

Emissão de CO_2

Muito se fala em emissão de CO_2, dióxido de carbono, e seus problemas para o ser humano e para a natureza, mas como medir, saber quanto está sendo emitido?

Quanto você emite de CO_2?

Nesse site tem uma fórmula que te informa o quanto você emitiu, e o número de árvores nativas de Mata Atlântica que serão necessárias seu plantio para compensar sua emissão.

Você sabe quantas toneladas de CO_2 já foram emitidas no mundo desde que você começou a ler este texto?

Considerando Mil toneladas de CO_2 por segundo, você levou 25 segundos até chegar nessa linha do texto, nesse tempo, está morrendo 1 pessoa e nascendo 3 no Brasil. Nesse site você consegue visualizar o que está acontecendo com as emissões de CO_2, e outros números interessantes. Em 25 segundos foram emitidos 25 mil toneladas de CO_2, morre 1 pessoa no Brasil, enquanto outras 3 estão nascendo. Em Portugal morre 1 pessoa a cada 4,6 minutos, enquanto a cada 4,7 minutos nasce uma pessoa. No Japão a cada 26,8 segundos morre uma pessoa, enquanto nasce outra a cada 31,5 segundos. Esses números estão nesse mesmo site.

Aquela pergunta de sempre: e eu com isso?

Todos queremos um mundo melhor para viver, e mantê-lo assim para nossos filhos e netos, controlando a emissão do dióxido de carbono, para melhorar o ar que respiramos, até mesmo diminuir o número de mortes, com melhoras na qualidade de vida. Esses sites ajudam a alertar sobre esse problema, e é nosso dever acompanhar e ver como estará a situação no futuro, se

5 anos de Pesquisas e-Números - Cotidiano

nos próximos anos esses números serão mais otimistas, esperamos que sim, estaremos aqui para controlar e analisar no Pesquisas e Números.

Texto de mai/2010

Enterro verde

Você sabe quanto as mortes dos americanos nos Estados Unidos consomem em produtos não biodegradáveis por ano?

De aço são 82 mil toneladas, mais 2500 toneladas de bronze e cobre, 1400 mil toneladas de cimento para manter os túmulos e 3100 mil litros de fluídos nos processos de embalsamento utilizando componentes cancerígenos.

Um caixão convencional, de madeira maciça, necessita de uma árvore, enquanto com o uso do papelão poderiam ser fabricados 100 caixões com o mesmo impacto ambiental. Na Europa são cortadas 1 milhão de árvores para a fabricação dos ataúdes, e a madeira utilizada para isso é o mogno, que leva 50 anos para crescer.

A Green Burial Council está lançando nos Estados Unidos o enterro ecológico, dispensando os tradicionais caixões de madeira e os embalsamentos dos corpos, mas isso é possível apenas em poucos cemitérios americanos.

Além de ser ecologicamente melhor, o "enterro verde" é mais barato, o enterro tradicional custa até U$ 8 mil, o ecológico varia entre U$ 300 e U$ 4 mil, dependendo do preço do solo do túmulo.

A preocupação com a natureza, com o mundo que vamos deixar para as próximas gerações está presente até mesmo na hora da morte, ou melhor, após essa hora.

Texto de jun/2010

A cidade verde

Rankings e índices ajudam a entender e planejar melhor as coisas.

No caso das cidades, ajudam a definir os rumos que a cidade está seguindo e a continuidade, ou correção do caminho.

5 anos de Pesquisas e-Números - Cotidiano

É o que pode-se concluir do Green City Index, índice feito pela Siemens e equipe da revista The Economist, para medir cidades e sustentabilidade.

Na América Latina o estudo envolveu cidades em 8 países, avaliando itens como água, coleta de lixo, emissões de gás carbônico, energia, gestão ambiental, qualidade do ar, saneamento básico, transporte e uso do solo.

A cidade que obteve maior índice no Green City Index na América Latina foi Curitiba, que atingiu a mesma média das outras cidades no uso do solo, teve 5 itens acima da média e na coleta de lixo e qualidade do ar ficou com índices bem acima da média.

No ranking de qualidade de vida de mais de 200 cidades no mundo Curitiba não esteve representada, mas Brasília, São Paulo e Rio de Janeiro ficaram entre a posição de 104 e 117. Já no ranking elaborado pela International Living em 194 países o Brasil está mais bem posicionado, em 38º.

Já vimos rankings sobre a maior cidade do mundo, onde pode ser determinada pelo tamanho, pela população total, pela densidade demográfica e vários itens para definir qual cidade é a maior do mundo.

133

Analisamos a emissão de CO_2 no mundo, que é um dos itens avaliados neste índice.

Curitiba tem 30 parques e bosques, mais de 77 milhões de m² de áreas verdes, incluindo a Unilivre, na foto que ilustra esta matéria, mostrando que esta liderança no ranking do Green City Index na América Latina é merecida, aliás, acredito que no mundo são poucas as cidades que conseguem bater a capital paranaense neste quesito.

Parabéns aos administradores desta cidade, que ao longo do tempo, em diferentes gestões, mantiveram o trabalho de manter e preservar a área verde da cidade, coroada agora como a cidade mais verde da América Latina. Mais difícil que ser a mais verde é manter-se a mais verde, esperamos que os esforços nesse sentido continuem, com a cidade mantendo a liderança, servindo de exemplo para outras que se preocupem em oferecer boa qualidade de vida à sua população, que é o que uma cidade sustentável fornece aos seus habitantes.

Texto de dez/2010

5 anos de Pesquisas e-Números - Cotidiano

O carro elétrico

Na semana passada o Pesquisas e Números foi convidado pela Agência Tag e esteve presente, juntamente com o engenheiro mecânico Rodrigo Castilho, no Nissan Inova Show realizado em São José dos Pinhais, na região metropolitana de Curitiba, Paraná.

Um dos destaques do evento foi a apresentação do carro elétrico Nissan Leaf, lançado em dezembro de 2010 no exterior.

Temos analisado como anda o trânsito nas cidades e algumas opções para melhorar o tráfego de veículos e diminuir a poluição nos grandes centros, o carro elétrico pode ser uma opção para que a poluição seja menor, mesmo mantendo a mesma quantidade de veículos nas ruas.

O Nissan Leaf é o 1º carro elétrico produzido em grande escala, tem autonomia de 160km, mais que a média do que os carros brasileiros percorrem por dia, 37km, fazendo com que uma recarga seja suficiente para 4 dias do carro nas ruas. Eu fiz o test-drive e gostei da experiência, não há barulho de motor, o computador de bordo oferece todas as informações necessárias para o bom desempenho do veículo, inclusive com os km que ainda restam da carga da bateria, para evitar que o carro pare e fique longe de um posto recarregador debateria, ainda inexistente no Brasil.

O carro elétrico dá a possibilidade de chegar em casa depois do dia de trabalho e colocá-lo na tomada para carregar e poder usar no dia seguinte, apenas instalando em casa uma tomada especial para esse fim. O **custo do km é de R$0,05, considerando o valor do kWh no país,** sendo que para rodar os 160km da autonomia do Nissan Leaf o gasto para "encher o tanque" seria de R$8,00.

Com todos esses benefícios porque o carro elétrico ainda não está disponível para venda no Brasil?

Um dos principais problemas é o local para abastecimento e recarga do carro, sobre quem faria isto e onde poderiam ser instalados os "postos de recarga", apesar de São Paulo já ter iniciado negociações para a instalação de postos de abastecimento.

Se temos tido blecaute por falta de energia no país, essa energia que estará rodando os carros poderá exigir construção de novas usinas, podendo inclusive produzir poluição nestas novas usinas, apenas transferindo a poluição que é retirada das ruas das cidades para os locais de construção destas usinas, exigindo planejamento no setor energético nacional.

Acredito que o carro elétrico, a Nissan saindo na frente com o Leaf, é uma realidade, deve estar rodando nas ruas brasileiras em pouco tempo, apenas precisando de alguns ajustes na legislação nacional e no bom planejamento para o uso da energia no país.

Texto de ago/2011

Saúde

Relaxe, estamos trabalhando menos

O IPEA fez um estudo sobre a carga horária de trabalho no Brasil no período de 1988 a 2007.

O PIB brasileiro cresceu 59,4% no período, e o tempo médio de trabalho do brasileiro caiu em 10,7%. Estamos trabalhando menos e produzindo mais riqueza, a produtividade aumentou. A produtividade do trabalho aumentou sim, mas não na mesma proporção do PIB, cresceu 14,1%, calculado nesse estudo.

Os trabalhadores das Regiões Sul (13,2%) e Nordeste (13,1%) são os que mais diminuíram o seu tempo médio de trabalho, e os do Sudeste os que menos diminuíram (7,5%)

As pessoas de raça/cor amarela foram quem mais diminuíram (11,9%) e as de raça/cor parda menos (6,1%).

5 anos de Pesquisas e-Números - Cotidiano

As mulheres tiveram 11,1% de diminuição no seu tempo médio de trabalho, enquanto para os homens esse índice foi de 10%.

Quanto maior o tempo dedicado aos estudos, menor a diminuição no tempo médio de trabalho. Para quem tem até 1 ano de estudo, no período analisado teve uma queda de 18,1%, enquanto os que tem 11 anos ou mais de estudos essa diminuição foi de apenas 1,2%.

Estamos trabalhando menos tempo, a produtividade do trabalho aumentou, e o PIB brasileiro também. Teríamos que ter mais folga, mais tempo livre, e onde está esse tempo?

Estamos gastando menos tempo no trabalho, mas estamos passando mais tempo no trânsito. A Fundação Dom Cabral fez um estudo sobre o desafio da Mobilidade Urbana no Brasil, que gera uma perda de 5% na produtividade do país. Analisando a cidade de São Paulo, em média o trabalhador gasta 2 horas e meia para chegar ao trabalho todos os dias, se considerarmos 5 horas de tempo gasto para ir e voltar ao trabalho, o trabalhador paulistano passa 25 horas por semana no trânsito, o que equivale a 63,5% do tempo médio dedicado ao trabalho pelos brasileiros (39,4 horas semanais).

Passar menos tempo no trabalho para passar mais tempo no trânsito não é uma boa troca. O que fazer para melhorar esses números?

Priorizar o transporte coletivo, já que o transporte individual, de automóveis, não encontra tantos espaços disponíveis para a construção de novas vias.

Flexibilizar o horário de trabalho, para evitar as "horas do rush", quando todos chegam e saem do trabalho a mesma hora.

Enfim, tudo que puder ser feito para melhorar a qualidade de vida do cidadão traz como conseqüência um trabalhador mais feliz, mais saudável, e que produz mais.

Texto de jul/2009

A saúde no prato

Neste domingo, 6 de setembro, o Fantástico, programa dominical da Rede Globo de Televisão, apresentou uma

5 anos de Pesquisas e-Números - Cotidiano

matéria mostrando uma pesquisa do nutrólogo Carlos Nogueira sobre o prato de comida do brasileiro.

Segundo o IBGE, o prato mais consumido pelo brasileiro reúne arroz, feijão, farinha, carne e salada, e custa, em média, R$ 4,50. Carlos Nogueira colocaria mais legumes e verduras para o prato ser mais saudável, o que faria o prato ideal custar R$ 6,50, que é 44,4% mais caro.

O DIEESE calcula todo mês o custo da cesta básica em 17 cidades brasileiras. No mês de agosto Porto Alegre foi a capital com valores mais altos, enquanto Aracaju com os mais baixos. Vamos tomar como base essas duas cidades. Em Aracaju o arroz, o feijão e o tomate tiveram queda no seu preço em mais de 28%, enquanto a carne subiu 2,44% e a farinha 7,53% em 2009. Em Porto Alegre, este ano, o feijão teve queda de 33,35%, a farinha 17,86% e a carne 7,55%, enquanto o tomate subiu 18,37%, o arroz 7,02% e a batata 1,72%.

A cesta básica, calculada pelo IBGE, tem os 13 itens da sua composição variada em 3 regiões: sul (A), sudeste/centro-oeste (B) e nordeste/norte (C). Os itens e sua divisão por região é a seguinte:

A quantidade de carne varia de 4,5kg (C), 6kg (B) e 6,6kg (A).

Leite varia de de 6 litros na (C) e 7,5 litros na (A) e (B).
Feijão tem a mesma quantidade, de 4,5kg nas 3 divisões regionais.
O arroz varia de 3 kg (A) e (B) até 3,6kg (C)
A farinha de 1,5 kg (A) e (B), e dobra para 3kg na (C).
A batata não consta na lista da (C), mas tem 6kg nas regiões (A) e (B).
O tomate varia de 9kg em (A) e (B) e sobe a 12kg na (C).
O pão tem a mesma quantidade, de 6kg, no país todo.
O café varia de 600g em (A) e (B), e diminui pela metade na (C), com 300g.
A banana é constante nas 3 regiões, com 7,5 dúzias.
O açúcar também tem a mesma quantidade nas 3 regiões, 3 kg.
O óleo varia de 900ml em (B) e (C), e sobe a 1080ml na região (A).
A manteiga é constante nas 3 divisões, com 750g.

O brasileiro gasta em média 22% do seu orçamento mensal com alimentação, e apenas 2,5% disto é em compras de frutas, verduras e legumes.

A questão principal para que o brasileiro possa se alimentar com o "prato ideal" parece ser a questão financeira, o fato deste prato custar 44,4% mais que gastamos no dia a dia, mesmo com a queda nos preços dos produtos da cesta básica este ano.

Vamos considerar que o preço dos produtos é determinado pelas leis da oferta e da procura. Se o brasileiro começar a mudar o seu hábito e for incluindo aos poucos no seu prato diário maiores porções de frutas, verduras e legumes, vai aumentar a procura por esses itens, o que inicialmente ocasionaria o aumento nos seus preços. Mas esse aumento da procura irá aumentar o mercado destes produtos, crescendo a sua produção e a quantidade oferecida no mercado, aumentando assim a sua oferta, conseqüentemente seu preço vai cair, até chegar num valor de equilíbrio.

O "prato ideal", em termos de saúde, também precisa ter o "preço ideal" para poder estar com maior freqüência na mesa dos brasileiros. E para isto precisa começar com uma mudança de hábito na alimentação das pessoas.

Texto de set/2009

Problemas com Insônia?

Pesquisadores da Universidade de Pittsburg realizaram uma pesquisa sobre a relação entre a felicidade

143

matrimonial e a qualidade do sono, entrevistando 1.938 mulheres entre 42 e 52 anos, em 7 grandes cidades americanas.

"As mulheres felizes no casamento se queixam menos de alterações no sono, entre as quais se incluem as dificuldades para adormecer, o despertar durante a noite ou muito cedo pela manhã e um sono inquieto, se forem comparadas com aquelas que gozam de uma menor felicidade conjugal", assinala a professora de Psiquiatria Wendy Troxel, que comandou a pesquisa.

Não é só no sono que as pessoas casadas e felizes têm a vida mais saudável. Em outro estudo americano, sobre a pressão arterial, da Universidade Brigham Young, em Utah, com 204 pessoas casadas e 99 solteiras, descobriu-se que, em geral, as pessoas casadas e felizes tinham 4 pontos menos nas leituras da pressão arterial que os adultos solteiros.

Como diz a letra da música Sal da Terra, de autoria de Beto Guedes e Ronaldo Bastos: "um mais um é sempre mais que dois". A felicidade no casamento faz bem à saúde, agora comprovado cientificamente.

Texto de set/2009

5 anos de Pesquisas e-Números - Cotidiano

A escolha do sapato

No Jornal Hoje, da Rede Globo, do dia 14 de setembro, foi exibida uma matéria onde o ortopedista e professor da Faculdade de Medicina da Universidade de Brasília Gustavo Velloso analisou 150 pacientes (96 mulheres e 54 homens) que foram ao seu consultório no Hospital de Base de Brasília reclamando de dores.

40% destes pacientes reclamaram de dores nos pés, 77% estavam com calos e 10% apresentavam deformidades. "O calo é uma resposta da pele do pé que engrossa, pois o sapato não se adapta", explica Gustavo Velloso.

O problema estava na hora de comprar o calçado. Entre os 150 pesquisados, a escolha do sapato era feita com base no preço para 82%, o formato e estilo do calçado pesava para 92% dos entrevistados e 73% escolhiam o calçado pela cor. Entre as mulheres pesquisadas, 30% delas usavam salto alto pelo menos 6 horas por dia. O conforto aos pés não foi importante na hora de escolher qual sapato comprar.

Isto não quer dizer que as fábricas de sapato não precisam se preocupar com o conforto dos seus produtos. A pesquisa foi feita com pessoas que estavam sentindo alguma dor, não apenas nos pés, mas até mesmo nas costas, e a origem dessas dores estava nos pés dos pacientes.

Esta é uma pesquisa para mostrar a importância dos pés para o nosso bem estar, por isso é bom na hora de escolher qual calçado comprar você optar pelos modelos que aliem conforto com o design que lhe agrade, para que você mantenha a elegância sem sentir dor. Há muitos sapatos de qualidade que podem satisfazer suas preferências sem doer no seu bolso.

Texto de set/2009

Hora de criança ir para a cama

No Jornal Hoje, da Rede Globo de Televisão, do dia 14 de outubro de 2009, foi divulgada uma matéria sobre o sono das crianças. Mostrou os resultados duma pesquisa feita em 19 países do mundo sobre o horário que as crianças vão para a cama dormir à noite.

5 anos de Pesquisas e-Números - Cotidiano

A criança brasileira vai para a cama depois das 22 horas, após as 10 horas da noite, enquanto em outros países o horário da criança dormir é às 20 horas, 8 horas da noite.

Segundo o neuropediatra Álvaro José de Oliveira, consultado nessa reportagem, o horário ideal para a criança ir para a cama não pode passar das 21 horas, 9 da noite.

O sono se torna inconstante à medida que vai passando o horário da criança já ter dormido. Como tudo na vida da criança que começa a ser educada, a rotina para dormir deve ser estabelecida desde cedo, para o bem estar das crianças, e dos pais, que assim conseguem dormir a noite toda, fazendo o sono ser realmente um descanso, e poder acordar dispostos na manhã do dia seguinte.

Texto de out/2009

Check-up? Hã, o que é isso?

A Paraná Pesquisas, a pedido da Fundação Pró-Renal, entrevistou 510 habitantes de Curitiba entre os dias 2 e 5 de outubro de 2009, perguntando sobre o significado dos exames médicos.

Entre os curitibanos, 61% afirmaram terem realizado exames médicos todos os anos.

Os exames mais pedidos pelos médicos são os de urina e de sangue. 76% dos curitibanos não sabem para que serve o exame de urina, 70% não sabem da importância do hemograma e 90% não têm a mínima idéia do que alterações de TSH e Creatinina significam (inclusive eu).

Qual a função do fígado no organismo humano?
Você não sabe? Você não está sozinho, 81% dos curitibanos também não sabem.

E a função dos rins?

44% dos curitibanos não sabem. Mas se tivessem algum problema nos rins, 53% não saberiam qual especialista médico procurar, e apenas 7,8% disseram que procurariam o especialista correto, o Médico Nefrologista.

A estimativa é de que 10% da população brasileira sofre de doenças renais, por isso é importante a informação e o conhecimento sobre a própria saúde, para que ninguém seja pego desprevenido e fique tarde demais para que o tratamento adequado resolva o problema.

Texto de out/2009

Seu Corpo: Manual do Proprietário

Você conhece o seu corpo?

A revista Veja desta semana tem matéria de capa sobre um estudo dos médicos americanos Michael Roizen e Mehmet Oz sobre o funcionamento do corpo humano.

Conhecer seu corpo lhe dá o poder de controlar, mudar, manter e fortalecer esse seu precioso bem.

Hábitos saudáveis podem lhe dar mais tempo de vida:

+ 8 anos = vida sexual ativa, segura e prazerosa
+ 5 anos = não fumar
+ 3 anos = dormir bem
+ 3 anos = fazer exercícios físicos regulares
+ 3 anos = alimentação regrada e prazerosa
+ 1,5 anos = manter o bom humor e ter emoções positivas
+ 1,4 anos = manter-se intelectualmente ativo

Se essa lista acima faz parte de sua rotina, pode acrescentar mais 24,9 anos à sua expectativa de vida. No Brasil a expectativa de vida para os homens é de 69 anos, e para as mulheres 76,5 anos. Assim, você, conhecendo seu corpo, pode curtir a sua aposentadoria por mais tempo que o brasileiro médio, conforme comentamos nesse blog. Se for homem, ao invés de 4 anos, você terá 28,9 anos e se for mulher terá 41,4 anos para aproveitar a sua aposentadoria.

Para a mudança de hábitos e uma vida mais saudável é importante o conhecimento do próprio corpo, como você está nesse caso? Você pode acessar o teste da Veja aqui e conferir.

Eu fiz o teste, levou 12 minutos e cada pergunta tem a resposta explicada sobre o assunto. Apesar de algumas questões difíceis, por serem mais técnicas, acertei 76%, o que me coloca com conhecimento acima da média sobre meu corpo. Mas ainda preciso saber um pouco mais sobre meu próprio corpo para chegar na média brasileira de 93,9 anos de idade. (expectativa de vida dos homens no Brasil de 69 anos mais os 24,9 anos ganhos com hábitos saudáveis de vida)

Texto de nov/2009

5 anos de Pesquisas e-Números - Cotidiano

Diabetes

Desde 1991 o dia 14 de novembro é o Dia Mundial do Diabetes. Neste dia o mundo inteiro é chamado a participar de campanha de divulgação em prol da prevenção da doença.

Vamos a alguns números sobre a diabetes no mundo:

Metade da população mundial não sabe que tem a doença, nos países em desenvolvimento esse índice chega a 80%.

Exercícios físicos e dieta equilibrada previnem 80% dos casos de diabetes do tipo 2.

7 milhões de pessoas desenvolvem diabetes a cada ano no mundo, uma pessoa a cada 5 segundos desenvolve a doença.

3,8 milhões de pessoas morrem por ano no mundo por problemas com diabetes, falece uma pessoa a cada 10 segundos. É a 4ª maior causa mundial de mortes por problemas de saúde.

250 milhões de pessoas no mundo têm diabetes. Considerando a população mundial de 6 bilhões de habitantes, 4,2% têm a doença.

Como vimos nesse blog, a falta de conhecimento sobre o próprio corpo é um dos problemas que pode gerar problemas de saúde. Os primeiros números que vimos nesse texto foram sobre o desconhecimento que as pessoas que desenvolvem a doença têm. É fundamental o conhecimento sobre o próprio corpo, e a diabetes deve entrar na lista de cuidados obrigatórios que cada um deve ter com a sua saúde, para poder viver mais e melhor.

Texto de nov/2009

A droga entre crianças e jovens

Pesquisa feita com 112 jovens entre 12 e 18 anos, atendidos pelo Cratod (Centro de Referência em Álcool, Tabaco e Outras Drogas), órgão ligado a Secretaria de Saúde do Estado de São Paulo, mostra alguns números preocupantes sobre o consumo de drogas em São Paulo.

5 anos de Pesquisas e-Números - Cotidiano

O início no consumo de drogas para 40% dos jovens foi entre os 7 e 11 anos de idade.

33% dos usuários com 11 anos de idade afirmaram estarem fora da escola. Entre os estudantes do último ano do Ensino Médio 91% apresentaram defasagem escolar.

O tabaco foi a 1ª droga consumida por 57% dos entrevistados.

A pesquisa foi realizada entre jovens que tiveram problemas com álcool, tabaco e outras drogas, esses números não podem ser confundidos com a porcentagem de crianças e jovens que consomem drogas.

Sobre essas crianças com problemas de saúde tão cedo em suas vidas, na infância, é importante salientar que a salvação está na educação, no fortalecimento do sistema educacional. Analisem comigo a questão, uma criança de 11 anos de idade que precisa de atendimento especial pelo consumo de drogas, nem que seja "apenas" pelo cigarro, já está com seu futuro comprometido, sem ter salvação? Não podemos lamentar e cruzar os braços, e sim ajudar, seja da forma que for, para que essa criança tenha acesso à educação e possa mudar o seu presente e deixar as drogas, para ter um futuro melhor. A educação, o apoio da família e da sociedade são os pilares para a construção duma vida melhor para essas crianças.

Se nada for feito essas crianças podem se tornar marginais e bandidos quando crescerem, mas se conseguirmos "desviar" essas crianças para a educação teremos cidadãos melhores no futuro. Menos crianças nas ruas e mais freqüentando a escola, a sociedade e o país agradecem.

Texto de nov/2009

FIB – Felicidade Interna Bruta

No Butão, país do Himalaia, em 1972 seu rei questionou se o cálculo do PIB (Produto Interno Bruto) era suficiente para dizer se uma nação é desenvolvida ou não. A partir desta época o reino do Butão começou a atrair a atenção dos outros países com uma nova fórmula para o cálculo da riqueza e grau de desenvolvimento dos países, considerando aspectos como a conservação do meio ambiente e a qualidade de vida das pessoas, além dos meros números econômicos sobre o PIB dos países.

5 anos de Pesquisas e-Números - Cotidiano

Assim nascia o conceito do FIB – Felicidade Interna Bruta, que tem como seus quatro pilares a economia, a cultura, o meio ambiente e a boa governança. Deles derivam-se os 9 índices para medir a Felicidade de uma nação:

Bem estar psicológico

Boa governança

Cultura

Educação

Meio ambiente

Padrão de vida

Saúde

Uso do tempo

Vitalidade comunitária

O FIB significa desenvolvimento baseado no bem-estar do ser humano. Não vamos questionar aquele ditado popular "o dinheiro não traz felicidade", mas não há dinheiro que pague um sorriso no rosto duma criança, o bem-estar das pessoas está acima de qualquer quantia de dinheiro. No blog comentamos a importância de conhecer o próprio corpo para melhorar a qualidade de vida, e em todos os hábitos que podem acrescentar 24,9 anos à vida das pessoas nenhum deles depende de dinheiro.

Para que um país possa ter grandes índices de FIB é necessário que sua população tenha seus índices FIB elevados, eu fiz o meu teste, consegui índice 71, considerado feliz, meu maior número foi relacionado com o corpo (índice 81) e o pior com meu bolso (índice 62). E você, como está seu índice FIB? Faça o teste e confira.

Texto de nov/2009

O mau humor do chefe é prejudicial à saúde

Dias atrás escrevi nesse blog que o rabugento, o mau humorado, era mais produtivo no trabalho que aquela pessoa que vivia sorrindo, de bom humor. Mas se o chefe for mau humorado, os funcionários é que saem perdendo.

5 anos de Pesquisas e-Números - Cotidiano

Pesquisa feita pela Universidade de Estocolmo, na Suécia, com 20 mil trabalhadores de idades entre 20 e 60 anos, que trabalham na Finlândia, Suécia, Alemanha, Polônia e Itália concluiu que o mau chefe é prejudicial à saúde dos seus comandados. O risco de sofrer um ataque cardíaco é 25% maior entre aquelas pessoas que tem um chefe rigoroso demais, injusto e desmotivador.

A explicação para isso é que a reação que o chefe mau humorado provoca no funcionário deixa ele desmotivado, dorme mal, não se alimenta direito, fuma e bebe mais, aumentando o risco de sofrer ataque cardíaco.

O cargo de chefia deve ser exercido por pessoas que saibam motivar e liderar uma equipe para poder atingir o melhor rendimento possível, e o mau humor vai exatamente no caminho oposto da boa liderança. Não é necessário que o chefe esteja todo o tempo distribuindo sorrisos, beijos e abraços a todos, mas a rabugice atrapalha e incomoda, não apenas no trabalho, mas, como essa pesquisa concluiu, até na qualidade de vida dos trabalhadores.

Texto de nov/2009

O fumante brasileiro

O INCA (Instituto Nacional do Câncer), em parceria com o IBGE, pesquisou 51 mil pessoas em 851 municípios brasileiros para traçar o perfil do tabagismo no país. Esta pesquisa faz parte de um estudo capitaneado pela OMS (Organização Mundial da Saúde), que considera o tabagismo um fator de risco á vida.

Para esta pesquisa foi considerado o cidadão brasileiro com mais de 15 anos de idade, como adulto e tendo livre arbítrio para decidir fumar, ou não.

Os fumantes brasileiros são 17,5% da população adulta do país, as mulheres são minoria, 13,3%, enquanto 22% dos homens brasileiros são fumantes. A região Sul é a que tem maior porcentagem de fumantes na população, 19%, enquanto os homens nordestinos são os maiores fumantes regionais, com 23,7%, e as mulheres sulistas as maiores fumantes regionais, com 15,9%. Os fumantes nas áreas rurais são 20,4% de seus moradores, índice que é de 16,6% na área urbana. Há um percentual de 0,4% de usuários de tabaco não fumado no país.

Fumam todo dia 15,1% dos brasileiros, ocasionalmente 2,1%. Já fumaram alguma vez na vida 18,2%, enquanto

5 anos de Pesquisas e-Números - Cotidiano

64,7% da população jamais fumaram. Reparem que a porcentagem de ex-fumantes é maior que a de fumantes.

Entre as pessoas com 1 ano ou menos de estudo 25,7% são fumantes, percentual que vai diminuindo a medida que os anos de estudo aumentam, chegando a 11,9% entre os que tem mais de 11 anos de estudo. Entre a população com rendimento de ¼ do salário mínimo por morador 19,9% são fumantes, essa porcentagem vai diminuindo até chegar nos 13,5% entre os que têm rendimento superior a 2 salários mínimos por morador da casa. Quanto menos anos de estudo e menos dinheiro maior a presença do tabaco.

Acordam e fumam seu primeiro cigarro nos 5 primeiros minutos do dia 21% dos fumantes, enquanto apenas 15,6% dos fumantes esperam a primeira hora para dar sua primeira tragada do dia.

Entre os ex-fumantes, 7,9% largaram o cigarro um ano antes da pesquisa ser feita, mas 57,3% já pararam de fumar há mais de 10 anos.

A intenção em parar de fumar está nos planos de 52,1% dos fumantes, sendo que 18,7% têm planos de cortar o cigarro nos próximos 12 meses. A advertência médica para que o fumante pare de fumar foi feita a 57,1% dos

159

casos. Como a intenção de para de fumar alcança 52,1% dos casos, é sinal que nem todos respeitam e obedecem às advertências médicas.

A porcentagem de pessoas expostas à fumaça do cigarro no ambiente de trabalho no Brasil é de 24,4%, em casa 27,9% e em restaurantes 9,9%. 93% dos fumantes sabem que o tabaco pode levar a doenças graves, 90,6% que causa câncer de pulmão, 81,5% ataques cardíacos e 70,1% sabem que o tabaco pode ocasionar derrames.

Esta pesquisa do INCA mostra que o fumante brasileiro sabe dos malefícios que o tabaco pode causar na sua saúde, as leis anti-fumo que estão sendo aprovadas no Brasil inteiro protegem os não fumantes dos males que a fumaça do cigarro causa.

Texto de nov/2009

A linguagem do choro dos bebês

Kathleen Wermke, da universidade de Wuerzburg (Alemanha) é uma das autoras do estudo sobre os sons

5 anos de Pesquisas e-Números - Cotidiano

que os recém nascidos humanos emitem nas suas primeiras horas de vida.

Os recém-nascidos são capazes de reproduzir diferentes tons quando choram e a preferência é pelo idioma que ouviam enquanto estavam no feto, na barriga da mãe.

O estudo foi feito analisando-se o choro de 60 bebês saudáveis, entre 3 e 5 dias de vida após o nascimento. Foram analisados 30 recém-nascidos franceses e 30 alemães. Os bebês franceses choravam em um tom ascendente, típico da língua francesa, enquanto os alemães em um tom descendente, como no idioma alemão.

A análise da pesquisa destaca a importância do choro para o futuro desenvolvimento da linguagem. Mais uma informação mostrando a importância do que ocorre e se passa na gestação para o desenvolvimento do bebê.

Texto de dez/2009

A melhor hora para o seu corpo

A escritora científica Jennifer Ackerman lançou nos Estados Unidos o livro Sex Sleep Eat Drink Dream (Sexo Dormir Comer Beber Sonhar), sobre a cronologia, que é a agenda do corpo humano, como o nosso corpo se comporta durante o dia.

Estudos nessa área mostram que se o corpo dependesse apenas da carga genética, o ciclo de fome e sono seria de 25 horas. Ou seja, os dias são curtos para o corpo fazer tudo que necessita, por isso estamos sempre atrasados ou com pressa, culpa desses dias de 24 horas.

Pela manhã, o nariz escorre mais, a pressão arterial é maior, os ataques cardíacos são mais freqüentes, a coagulação sanguínea é maior e o nível de testosterona nos homens atinge seu ápice às 8:00. Os jovens adultos se distraem mais facilmente, enquanto os adultos mais velhos estão mais concentrados. A manhã é mais propícia a exercícios físicos que exijam equilíbrio e equidade.

À tarde a qualidade do sêmen é melhor, a produção de espermatozóides é 35 milhões de vezes maior, a sensibilidade à dor nos dentes é menor e a temperatura do corpo atinge o seu ápice. Os jovens adultos se concentram mais, enquanto os adultos mais velhos são mais vulneráveis á distração.

No horário do happy-hour a cervejinha é bem vinda, o fígado é mais eficiente na desintoxicação do organismo entre 17 e 18 horas. A percepção da exaustão é menor, as juntas estão mais flexíveis e as vias aéreas mais abertas, é possível ter um ganho muscular até 20% maior do que de manhã para a prática de exercícios físicos.

De noite a resposta da pele à alergia é maior, e de madrugada as crises de asmas são mais fortes, porque as passagens bronquiais diminuem em 8% os seus diâmetros.

Crianças e idosos tendem a ser matutinos. Cerca de 10% a 12% da população são matutinos; 8% a 10% são vespertinos. A maioria, 80%, está numa situação intermediária e seu corpo reage como comentamos acima.

Já vimos nesse blog que você deve conhecer o seu corpo, agora vemos também que é preciso conhecê-lo para agendá-lo da melhor maneira possível.

Como deve ser o seu dia:

Acorde, assoe o nariz, relaxe, não se estresse para não aumentar mais ainda a sua pressão. Almoce, se quiser ter um filho, a hora é agora, depois vá ao dentista, pratique esportes e beba uma cervejinha (prática saudável o esporte e a cerveja, já vista aqui no blog). Antes de dormir, não esqueça do repelente para evitar a chegada de seres nocivos à pele (esses seres são notívagos, experiência própria) e mantenha o local arejado para ajudar na circulação, já que as passagens bronquiais serão menores.

Pronto, a agenda do seu corpo está feita.

Texto de dez/2009

A saúde bucal

No Brasil há cerca de 220 mil dentistas, o que representa aproximadamente 10% de todos os dentistas do mundo. Se considerarmos a população brasileira em 200 milhões de habitantes, temos 1 dentista para cada 909 brasileiros. Já vimos nesse blog que o brasileiro trabalha

5 anos de Pesquisas e-Números - Cotidiano

1.856 horas por ano, o que dá 2 horas para o brasileiro no dentista a cada ano. É uma média boa.

Mas não é isso o que acontece, 14% dos brasileiros nunca consultaram um dentista, esse índice é maior no nordeste, onde 22% nunca foram, enquanto na região sul 95% já foi ao dentista pelo menos uma vez na vida.

A média de cáries na boca da criança de 12 anos de idade no Brasil é de 2,78, os idosos têm 7,79 cáries em média. Sinal que as cáries não são tratadas na infância e vão aumentando o número na fase adulta.

Além da visita ao dentista, há outra forma que o poder público poderia melhorar a saúde bucal dos brasileiros, acrescentando flúor à água, mas a média brasileira de municípios que fazem isso é de 46%, na região sul esse índice vai a 88%, enquanto no norte do país o índice é de apenas 6%.

Infelizmente não é pela saúde bucal em dia nem pela falta de cáries que ocorre essa falta de contato com o profissional da área odontológica, mas pela falta de alternativa no serviço público, apenas 55,5% das visitas ao dentista foram em atendimentos no serviço público.

Não é pela falta de dentistas que ocorrem essas falhas na saúde bucal dos brasileiros, mas pela tímida preocupação do poder público e da sociedade com esse assunto.

Texto de jan/2010

Perigo para o solteiro

Estudo feito pela Universidade de Tel Aviv, de Israel, com 10.059 homens, chegou a conclusões preocupantes para os solteiros.

Em 1963 estes homens analisados completaram o "Estudo Israelense de Doença Cardíaca", e foram acompanhados até 1997. Em 1965 tiveram que informar sobre seu estado civil e classificar sua união como bem sucedida, ou não. O cientista Uri Goldbourt usou esses dados para fazer ajustes estatísticos para fatores como classificação social, obesidade, pressão arterial, tamanho da família, hábito de fumar e doenças como diabetes e cardiopatias.

A principal conclusão que a pesquisa chegou foi a que os solteirões convictos têm 64% mais chances de sofrer um AVC (Acidente Vascular Cerebral) do que os casados felizes.

Uma união estável é saudável para o homem, conforme esta pesquisa israelense concluiu.

E os homens casados infelizes, têm mais chance que os solteiros convictos de sofrerem um AVC? E as mulheres, qual a relação da sua união com sua saúde?

Estas dúvidas não foram respondidas por esta pesquisa, mas serve como sugestão para novos estudos a esse respeito.

Texto de mar/2010

A qualidade de vida

No início deste ano mostramos um ranking da qualidade de vida de 194 países, elaborado pela International Living. Agora vamos falar de outro estudo que analisa a qualidade de vida de 221 cidades ao redor do mundo, elaborado pela Mercer consultoria.

No ranking por países são avaliados itens como custo de vida, cultura e lazer, economia, meio ambiente, liberdade, saúde, infraestrutura, segurança e riscos e o clima. No caso das cidades, elas são avaliadas através de índices que consideram o mercado de bens de consumo, o ambiente econômico, moradias, médicos e sistema de saúde, meio ambiente, ambiente político e social, serviços públicos, transportes, recreação, escolas e educação e o ambiente sócio-cultural.

No ranking de cidades São Paulo, Rio de Janeiro e Brasília estão na lista representando o Brasil, a capital federal está na melhor posição, em 104ª, enquanto a cidade carioca está na 116ª e a paulista em 117ª.

A França é o país com melhor índice de qualidade de vida, seguido de perto por Austrália, Alemanha e Suiça. Já no ranking das cidades, a austríaca Viena é a líder, completando o pódio as suíças Zurique e Genebra. Apenas a Suiça consegue destaque nos 2 rankings.

O Pesquisas e Números já analisou itens que mostram a **felicidade das pessoas, as maiores cidades do mundo, a** qualidade de vida da população, dos países e das cidades agora, mas o mais importante é buscarmos a qualidade de vida no nosso Lar Doce Lar, que é onde vivemos. Se todos cuidarem da qualidade de vida começando por suas casas, os bairros serão melhores lugares para se viver, conseqüentemente as cidades e os países onde estão inseridas também terão condições melhores de vida para a população viver.

Texto de jun/2010

Saneamento básico e produtividade

Você tem acesso á rede de esgoto?

Se você respondeu sim a essa questão, você é um privilegiado, faz parte da minoria dos brasileiros, já que 57% estão fora da rede de saneamento básico.

A pesquisa da FGV e do Instituto Trata Brasil sobre os benefícios econômicos da expansão do saneamento básico verificou que 217 mil brasileiros tiveram que se ausentar do trabalho devido a problemas gastrointestinais decorrentes da falta de rede de esgoto no último ano.

Cada afastamento do trabalho representa 17 horas perdidas, ao custo médio nacional de R$ 5,70 por hora, resultando em R$ 238 milhões em horas pagas, mas não trabalhadas, não transformadas em produção, ou seja, desperdício anual de R$ 238 milhões.

O trabalhador que consegue acesso à rede de esgoto aumenta a sua produtividade em 13,3%, que é a mesma proporção do aumento na sua renda.

São medidas que parecem ser simples para a melhoria da produtividade do trabalhador e crescimento econômico do país, oferecendo uma melhor qualidade de vida ao brasileiro. Os investimentos em saneamento básico estão sendo feitos no Brasil, mas ainda há bastante trabalho pela frente, a economia nacional agradece os esforços nessa direção.

Texto de ago/2010

Tá com pressa? Pedala!!!

Hoje é o Dia Mundial sem Carro, responda a pergunta:

Você quer ir até um lugar que fica distante pelo menos 6km de onde você está, qual o meio mais rápido de chegar, a pé, correndo, de carro, de moto, ônibus ou bicicleta?

5 anos de Pesquisas e-Números - Cotidiano

Para saber a melhor solução para este problema foi realizado o 4º Desafio Intermodal de Curitiba, quando 24 pessoas tinham que cumprir o estabelecido partindo às 18h. Participaram deste desafio seis ciclistas, dois corredores, quatro motoristas, quatro pedestres, três usuários de ônibus, três motociclistas, um cadeirante e um deficiente visual (estes, de ônibus). O Desafio consistia em sair de um ponto, chegando a outro, tendo que passar pelo centro da cidade, não sendo obrigatório seguir nenhum caminho pré-determinado.

Pelo Google Map o trajeto de 6,1km a pé levaria 1 hora e 18 minutos, enquanto a distância entre os 2 pontos do Desafio via automóvel seria de 7,2km a serem percorridos em 18 minutos, sem considerar hora do rush ou problemas de engarrafamentos.

Vamos considerar que as 18 horas o trânsito está fluindo de maneira devagar, aumentando o número de pessoas e veículos nas ruas, dificultando a realização do trajeto proposto pelo Desafio.

Entre os 5 primeiros que chegaram no ponto final estão 3 bicicletas e 2 motos, sendo que a bicicleta mais rápida chegou em 28 minutos, enquanto a moto em 32 minutos. Quando chegou o 1º carro, em 43 minutos, já haviam chego 5 bicicletas e 3 motos. Logo depois deste carro chegou a 1ª pessoa que veio a pé, correndo, que levou 30 segundos a mais que o carro. O 1º usuário de ônibus fez o trajeto em 54 minutos.

Na hora do rush, vai de bicicleta que é mais rápido, e mais saudável, alem de manter a forma física e não poluir. Além de colaborar com o Dia Mundial sem Carro e deixá-lo na garagem.

Texto de set/2010

Trabalhar em casa, ou no escritório?

O seu endereço comercial é o mesmo que o residencial?

Se ainda não é, num futuro não muito longínquo será.

A preferência de muitos trabalhadores brasileiros é por trabalhar em casa, segundo uma pesquisa feita em agosto e setembro deste ano em 13 países com usuários finais e executivos de TIs, pela Cisco.

A média dos 13 países foi de 60% que afirmaram não considerar que é preciso estar fisicamente no local de trabalho para ser produtivo. No Brasil este índice foi superior, de 76%. Apenas na Índia, com 93%, e na China, com 81%, esses números foram superiores ao brasileiro. Lembrando que Índia e China tem mais de 1 bilhão de habitantes, com um trânsito nada agradável.

Para 83% dos brasileiros entrevistados é preferível ter salários mais baixos, mas ter mais flexibilidade e mobilidade no trabalho, melhorando a sua qualidade de vida.

Os dispositivos e ferramentas oferecidos pelas empresas deveriam estar disponíveis para uso pessoal e profissional, na opinião de 77% dos brasileiros, superior à média mundial de 66%, mas inferior à quase unanimidade na Índia, de 95%.

O problema é que as empresas ainda não estão preparadas para isso, conforme responderam 45% dos entrevistados. Mas elas estão trabalhando nesse sentido, na opinião de 57% dos brasileiros.

Trabalhar em casa é uma opção que passa a ser considerada por número cada vez maior de pessoas, além da flexibilidade de horários e melhor mobilidade, com a invenção do notebook e do celular, as pessoas não se desligam da empresa no momento em que batem o ponto de saída, então nada mais justo do que flexibilizar os horários de trabalho. Esta pesquisa da Cisco mostrou que a produtividade das pessoas não está ligada ao fato de estar fisicamente presente no local de trabalho.

O trânsito das grandes metrópoles está cada vez pior, fazendo as pessoas gastarem cada vez mais tempo no trajeto de casa para o trabalho, e o home-office é uma solução para a melhoria no trânsito, já analisado no Pesquisas e Números. Desta forma o funcionário estaria trabalhando até mais do que as 8 horas diárias regulamentais, já que não perderia tanto tempo no trajeto casa-trabalho.

Ou seja, trabalhar em casa pode até aumentar a produtividade profissional.

Texto de dez/2010

O médico confiável

Como vai você?

5 anos de Pesquisas e-Números - Cotidiano

Em termos de saúde, 70% dos brasileiros responderiam que está tudo bem. Mas mesmo assim, 60% dos brasileiros consultaram algum médico nos últimos 6 meses.

Esse é um dos itens pesquisados pelo Ibope no Brasil, junto com a WIN, Worldwide Independent Network of Market Research, que entrevistaram 22.581 pessoas em 23 países sobre suas percepções com relação à saúde.

Nos países pesquisados, 44% dos pacientes recomendariam o último médico que consultaram para os amigos e familiares, 67% confiam neste médico. A média brasileira é ainda maior, 53% recomendariam e 70% confiam no último médico que lhes atenderam.

O médico tem que dizer exatamente o que o paciente deve fazer, e não fornecer opções para escolha, na opinião de 60% dos entrevistados nos 23 países participantes do estudo.

A principal fonte de informação sobre questões de saúde é alguém da própria área médica, em 71% dos casos, enquanto 47% consultam amigos e familiares. Informações online e via televisão respondem cada uma por 30% das fontes de informação buscadas pelas pessoas nos 23 países participantes da pesquisa. O fato da soma das respostas ultrapassar 100% indica que não é apenas uma a fonte de informações para questões de saúde, mostrando que apesar de existir a automedicação, a busca por informações junto a profissionais de saúde existe na maioria das vezes.

Você consultaria um especialista em saúde pela internet?

No Brasil apenas 21% responderam positivamente a essa questão média inferior à mundial, de 42%.

No Pesquisas e Números analisamos em 2009 a importância de realização de exames de saúde periódicos, o check-up, realizado por 61% dos curitibanos, mesma média nacional.

Por isso é importante a informação e o conhecimento sobre a própria saúde, é melhor prevenir do que remediar, já diz o ditado antigo, que continua atual. A confiança que a população tem nos médicos ajuda a buscar informações e ações que possam manter a saúde em dia.

Texto de fev/2011

Beber faz bem, mas moderadamente

Mais pesquisas estão comprovando o que já comentamos no Pesquisas e Números, que a bebida alcoólica, apreciada moderadamente, é benéfica à saúde. Já vimos que a cerveja é melhor que os isotônicos para recuperação muscular após a prática esportiva.

Uma pesquisa, coordenada pelo professor William Ghali, da Universidade de Calgarye, no Canadá, fez a ligação entre o álcool e as doenças, analisando 84 estudos já realizados. Comparando o número de consumidores moderados de bebida alcoólica com o de abstêmios, a conclusão foi que o risco de morte por doenças cardiovasculares é de 14 a 25% menor entre os bebedores.

Outro estudo, conduzido pela professora Susan Brien, da mesma universidade, analisou 63 trabalhos científicos sobre o consumo de álcool e níveis de colesterol e gordura no sangue. A conclusão foi que uma dose de bebida alcoólica, contendo 15g de álcool, faz bem a saúde, no caso das mulheres, enquanto para os homens a dose é dupla. Esses 15g de álcool é encontrado em 300ml de cerveja, uma dose de bebida destilada, duas doses de vinhos fortificados (vermute, Porto) ou um quinto de uma garrafa de vinho de mesa.

Em 2009 vimos que a cerveja também pode prevenir câncer de próstata, agora surgem mais estudos mostrando a relação saudável do álcool com o corpo humano.

Então, brindemos, tintim, ou ... agora a melhor palavra é: SAÚDE !!!

Texto de mar/2011

O que o empreendedor deseja?

Para responder essa questão foram entrevistados 501 pequenos empresários entre 20 e 28 de janeiro de 2011, nos Estados Unidos, pela Wakefield Search para elaborar o "Brother Small Business Survey".

Mais dinheiro no bolso ou mais tempo livre, para 30% dos pequenos empresários americanos é melhor ter mais tempo livre que aumentar o saldo bancário. É um problema para o pequeno empresário, 79% afirmaram que precisam gerenciar melhor o seu tempo, 67%

5 anos de Pesquisas e-Números - Cotidiano

gostariam de se organizar melhor esse ano. Estes fatores podem ser a causa de 52% se considerarem mais estressados que o normal.

As pessoas empreendedoras gostam de sua condição profissional pela velocidade na tomada de decisões. 83% citaram a rapidez na implementação de decisões importantes sobre a gestão do negócio e 84% a rápida resposta à demanda dos consumidores como os maiores benefícios de ser empreendedor de pequena empresa.

Apesar da pesquisa ter sido realizada nos Estados Unidos, com os pequenos empresários americanos, acredito que no Brasil os números seriam parecidos, seguiriam a mesma tendência.

O planejamento é essencial para o sucesso dos negócios, não importando o tamanho da empresa. A falta de planejamento faz com que o tempo fique curto e as respostas para atender as demandas dos consumidores seja mais lenta que o esperado, prejudicando a saúde e aumentando o nível de stress dos empreendedores.

Texto de mar/2011

A saúde da empresa

A saúde da empresa pode ser medida por números sobre a produtividade, lucratividade e dinheiro na conta corrente.

O bem mais precioso que as empresas possuem, que são seus funcionários e colaboradores, sua equipe de profissionais que fazem com que a sua produtividade esteja em alta também devem ter sua saúde avaliada.

Em 2010 vimos uma pesquisa da FGV e do Instituto Trata Brasil sobre a perda da produtividade recorrente de problemas de saúde causados pela falta de saneamento básico em algumas regiões do Brasil.

No blog Caminhando Junto, o jornalista Adriano Carvalho analisa um estudo da CPH Health sobre como anda a saúde dos funcionários das empresas brasileiras, que constatou, entre outros números, que 45% dos funcionários estão com peso acima do normal, 56% estão com a alimentação inadequada, sendo 75% deste problema no café da manhã, sem contar os altos níveis de estresse, ansiedade e desequilíbrio entre vida pessoal e profissional.

5 anos de Pesquisas e-Números - Cotidiano

É preciso tomar cuidado não apenas com a saúde financeira da empresa, mas também com a saúde física e mental da equipe de funcionários que fazem a empresa funcionar, isso também é importante para que a empresa continue saudável.

Texto de jun/2011

Para viver mais

O que pode fazer com que as pessoas aumentem a sua longevidade?

A revista Superinteressante foi atrás de algumas teorias e estudos sobre o tema.

Pesquisadores de Universidades do Canadá e Noruega estudaram 450 pessoas durante 6,5 anos com análises sobre seus níveis de perfeccionismo. A conclusão foi que o risco de morte era maior entre os perfeccionistas.

Na americana Universidade de Pittsburgh, os pesquisadores analisaram o sexo, idade, peso, histórico médico e velocidade no andar de 35 mil pessoas. A líder do estudo, Stephanie Studenski concluiu que as pessoas que andam 1 metro por segundo vivem mais que a média, que caminha a 0,8m/s.

Já os pesquisadores das americanas Universidade de Nova Iorque, da Califórnia e de La Serra traçaram um paralelo entre "índices de alegria" na infância e a longevidade de mais de 1200 homens e mulheres. A conclusão foi que as pessoas com "índices de alegria" altos estavam mais propensos a morrerem a qualquer hora do que as crianças menos alegres.

O pesquisador Donald Redelmeier, da canadense Universidade de Toronto, analisou a saúde de artistas, e a principal conclusão diz respeito ao maior prêmio concedido a eles, a estatueta do Oscar: os atores que ganham um Oscar vivem 4 anos a mais que seus colegas que não foram premiados; mas em compensação, para os roteiristas ganhar a estatueta significam 3,6 anos a menos de vida que seus colegas sem o Oscar.

Vamos juntar essas 4 condições de longevidade estudadas e analisadas por estudiosos e pesquisadores da América do Norte. Para viver mais é importante não ser perfeccionista, caminhar rápido (na velocidade de 1 metro por segundo), não ter uma infância das mais alegres e ganhar um Oscar (se você for ator).

Viram como é simples viver mais?

Texto de jun/2011

A maluquice de empreender

O brasileiro é empreendedor, conforme as pesquisas do GEM, Global Entrepreneurship Monitor, tem constatado ano após ano, em trabalho realizado pelo IBQP.

O psiquiatra americano John Gartner, da John Hopkins Medical School, concluiu que os empreendedores, especialmente da área tecnológica, tem uma disfunção psiquiátrica que atende pelo nome de Hipomania. Gartner avaliou que a probabilidade de que muitos empreendedores serem hipomaníaco existe, traçando algumas características comuns entre o empreendedor e o hipomaníaco como serem cheios de energia, as idéias estarem transbordando, se arriscam, são ficados, incansáveis e eufóricos, citando apenas algumas características comuns.

Isto não quer dizer que o empreendedor seja maluco a ponto de se considerar um Deus, mas pode-se dizer que se considera um presente de Deus, pelo menos os da área tecnológica.

Lembrando a própria pesquisa GEM, que apesar de somos empreendedores, os empreendimentos que são criados não são inovadores, a maioria dos brasileiros abre negócios enfrentando muitos concorrentes e com produtos já conhecidos dos seus consumidores, aproveitando o dinamismo do nosso mercado interno.

Analisando as considerações do psiquiatra americano, o empreendedor hipomaníaco seria o que mais inova em seus negócios, com isso como poderíamos caracterizar o empreendedor brasileiro, tem Hipomania, ou não?

Pela dificuldade em abrir uma empresa em nosso país, como já vimos por aqui, pelos problemas que o brasileiro tem que enfrentar no seu dia a dia, e mesmo assim sermos um dos povos mais empreendedores do mundo eu posso afirmar que o empreendedor nacional não é uma pessoa normal.

Ainda bem que temos tantos empreendedores no Brasil, que fazem com que nossa economia continue pujante e forte, o que menos importa é o seu estado psíquico, mas sim as suas atitudes, atividades e aspirações empreendedoras em prol do nosso país.

Texto de jun/2011

<u>Bom para cachorro, e para os donos também</u>

Pesquisas americanas comprovaram que os animais domésticos proporcionam apoio social e emocional às pessoas. Psicólogos das Universidades de Miami e St.Louis fizeram 3 experimentos sobre mudanças de comportamento ocasionado por animais domésticos aos seus donos.

As pessoas com animais domésticos geralmente tem mais qualidade de vida e conseguem resolver melhor as diferenças individuais, tem mais autoestima e estão me melhor forma física, são mais extrovertidos, menos receosos, mais conscientes do que ocorre à sua volta do que quem não convive com animais domésticos.

No Pesquisas e Números vimos que o cachorro no escritório aumenta a produtividade das pessoas, que a presença de animais de estimação está crescendo no Brasil, bem como a melhoria das atividades físicas dos donos de animais, que se exercitam quando precisam passear com eles.

O animal doméstico em casa, bem tratado, faz bem não apenas ao próprio bichinho, mas também a quem convive com ele, tanto social quanto fisicamente, cientificamente comprovado. Texto de nov/2011

O fumo e a memória, ou falta dela

Há vários problemas de saúde que o fumo amplia, já analisamos alguns deles aqui no Pesquisas e Números, quando da promulgação de leis anti-fumo pelo país.

Agora a Universidade de Northumbria pesquisou mais de 70 pessoas com idades entre 18 e 25 anos sobre o fumo e sua participação na memória das pessoas.

Este teste consistia num tour pela universidade. Enquanto as pessoas passeavam os pesquisadores perguntavam sobre alguns detalhes da caminhada, onde a conclusão do estudo mostra que os não fumantes lembraram de 81% dos itens, os fumantes de 59% e os ex-fumantes de 74%.

5 anos de Pesquisas e-Números - Cotidiano

Mais um problema causado pelo cigarro, mas pelo menos há um alento, parar de fumar pode recuperar a memória, ou pelo menos parte dela, conforme essa mesma pesquisa analisou. Isso sem contar os "fumantes passivos", que também sofrem os prejuízos do fumo alheio.

Texto de nov/2011

Quanto stress no trabalho

Para saber quais profissões, entre 200 pesquisadas, geram mais stress nos profissionais, o site de empregos americano CareerCast divulgou os resultados das 10 mais estressantes naquele país.

O topo do ranking é ocupado pelos pilotos de avião comercial, depois seguem Relações Públicas, Executivo Sênior de empresas, Fotojornalista, Repórter, Executivo de contas em agências de comunicação, Arquiteto, Corretor de Valores, Técnico de Emergência Médica e completando a relação dos 10 mais estressantes está o Corretor de Imóveis.

Pelas características das profissões acredito que se fosse realizada pesquisa semelhante no Brasil os resultados seriam os mesmos, pelo menos 8 das 10 citadas estariam na mesma lista.

Já vimos que o empreendedor, também em pesquisa americana, sente os efeitos do stress na sua rotina diária, tanto que uma boa porcentagem (30%) prefeririam ter mais tempo livre do que mais dinheiro em sua conta bancária.

O stress pode acompanhar a rotina de diversos profissionais, às vezes acompanhando um bom rendimento, bons ganhos em termos salariais, mas nem sempre vale a pena, o melhor é encontrar um ponto de equilíbrio, uma profissão que pague um rendimento onde o stress não incomode e nem traga futuros problemas de saúde.

Texto de nov/2011

Prevenindo o câncer

Para evitar a notícia de diagnóstico de câncer é melhor prevenir a sua ocorrência do que se submeter aos longos e desgastantes tratamentos para sua cura.

5 anos de Pesquisas e-Números - Cotidiano

Segundo pesquisa feita pela Cancer Research UK, na Inglaterra com mais de 100 mil pacientes diagnosticados com a doença, o estilo de vida das pessoas influencia a chegada desta doença.

Os principais fatores relacionados ao estilo de vida das pessoas que aumentam a possibilidade da doença são o fumo, a bebida alcoólica, a má alimentação e o sobrepeso.

O tabaco foi o responsável por 23% dos casos de câncer nos homens, 16% nas mulheres, e não apenas o pulmão foi o órgão atingido pela doença, mas a bexiga, rins pâncreas e colo do útero também sofreram câncer ocasionado pelo fumo.

Em 2010, 34% dos casos diagnosticados de câncer em homens no Reino Unido tinha relações com o estilo de vida dos britânicos. A culpa em 6% foi pela falta de frutas e verduras na dieta, 5% com o trabalho, 4,6% pela bebida alcoólica, 4% pela obesidade e 3,7% pela exposição excessiva aos raios ultravioleta.

Entre as mulheres 7% são causados pelo sobrepeso, 3,7% por infecções, 3,6% pela exposição excessiva aos raios ultravioletas, dieta sem frutas e verduras responde por 3,4% enquanto o álcool foi responsável por 3,3% dos diagnósticos de câncer nas britânicas em 2010.

É claro que há outros fatores causadores desta doença que não podemos evitar, mas se evitarmos excessos no nosso estilo de vida, cuidarmos de nossa alimentação, já diminuímos um pouco a chance do câncer aparecer.

Texto de abr/2012

Que mouse sujo

Você está lendo este texto com a mão no seu mouse?

Cuidado, você pode estar com sua mão em um objeto mais sujo até que um vaso sanitário.

Esse é um dos resultados de estudo realizado por pesquisadores do Initial Washroom Hygiene envolvendo 158 itens de 40 mesas de trabalho em alguns escritórios, que depois foram comparados com dados coletados de vasos sanitários em diversos edifícios.

Como muitas pessoas tem o costume de comerem diante do computador transformam essa área em um

5 anos de Pesquisas e-Números - Cotidiano

terreno fértil para as bactérias e os vermes, sem contar a gordura e os resíduos acumulados nas mãos. Tanto é que o segundo item mais sujo nos escritórios é o teclado, depois vem os telefones e as cadeiras.

Os mouses dos homens tem pelo menos 40% a mais de bactérias que os das mulheres. O mouse consegue ser duas vezes mais sujo que a descarga do banheiro, que tem mais bactérias e vermes que o próprio assento sanitário.

E agora, o que fazer para evitar bactérias de computador, que são piores que os vírus, podem afetar a saúde das pessoas?

Tentar diminuir a alimentação na frente do computador, lavar as mãos após as refeições e antes de começar a trabalhar e utilizar os kits de limpeza que já existem no mercado.

Texto de abr/2012

O stress está diminuindo

Você concorda?

Não, calma, não se estresse por causa disso. Se você continua estressado você faz parte duma minoria, já que uma pesquisa feita pela consultoria Grant Thornton em 6 mil empresas em 40 países mostra que o nível de stress tem caído a nível mundial.

Para 19% dos entrevistados no Brasil o stress aumentou nos últimos 12 meses, mesmo assim estamos abaixo da média mundial, que foi de 28%. Em 2010 este índice era ainda maior, de 45%.

Os gregos, com toda a crise econômica que o país passa, estão no topo desta tabela, com 67%. A China, apesar de toda a pujança econômica, deixa seus trabalhadores estressados, 60% consideram o stress atual maior que o de 12 meses atrás, um sinal que tanto economias em recessão quanto as em franco crescimento podem sofrer com o stress. Em compensação os dinamarqueses estão tranquilos, apenas 6% disseram que seu stress aumentou no período.

As principais causas do stress nacional estão em conflitos internos na empresa (26%), pressão para atingir metas (25%) e a quantidade de informação a ser absorvida (22%).

5 anos de Pesquisas e-Números - Cotidiano

O lazer com a família é a principal maneira de enfrentar o stress, para 72% dos entrevistados brasileiros, a prática de esportes responde por 61% da fuga do stress, enquanto 61% consideram importante manter um ritmo regular de trabalho uma forma de não se estressar.

Mas não é simples assim, vimos no Pesquisas e Números que o brasileiro passa mais tempo que deveria no trabalho, sem contar o trabalho que leva para casa, o trânsito nas grandes cidades que consome tempo e paciência, além das tarefas corriqueiras que tiram a concentração do trabalhador. Isto se a sua profissão não estiver entre as mais estressantes.

O stress acaba sendo o limite que as pessoas atingem quando sobrecarregam demais as suas relações de trabalho, por isso é importante, sempre que possível, equilibrar o tempo dedicado ao trabalho e as horas de lazer, que muitas vezes esse tempo de lazer ajuda a concentrar e produzir melhor no trabalho.

Texto de jun/2012

O pé do brasileiro

Para saber como anda o pé do brasileiro foi feita uma pesquisa onde foram entrevistados mais de 26 mil pessoas nos primeiros meses de 2012 pela internet.

Atividade física faz parte da rotina de 47% dos entrevistados, mostrando que os pés dos brasileiros estão suando e se mexendo.

O pé direito domina no Brasil, com 86%, a joanete tem alta incidência, sendo maior entre as mulheres. Para 33% o segundo dedo do pé é maior que o dedão, os dedos sobrepostos estão em 10% dos pés.

Unha encravada (35% nos homens e 44% nas mulheres), frieira ou fungos (31%), bolhas (39%) e calos (46%) estiveram presentes nos pés brasileiros nos últimos 12 meses.

O chulé também está presente em 2 entre cada 3 pés.

Nos últimos 90 dias da realização da pesquisa, entre os homens que compraram sapatos, 31% optaram por tênis, 28% sandálias, 19% sapatos sociais e 15%

sapatênis. Os homens tem média de 9 pares de calçados masculinos em seus armários.

As mulheres compram o dobro de calçados que os homens, tendo em média 20 pares de calçados femininos em seus armários.

Cremes são passados nos pés dos homens diariamente em 37% dos casos, mas nas mulheres o creme é mais utilizado, 53%.

Dores nos joelhos estão presentes em 34% dos homens e 47% das mulheres, enquanto o tornozelo dói menos, 22% nos homens e 34% nas mulheres. Quem pratica esportes, movimentando o corpo todo, sofre menos com dores no tornozelo e no joelho.

Faça da pratica de esportes um aliado a sua saúde, não será apenas o seu pé que vai agradecer.

Texto de ago/2012

A melhor idade é a melhor

O Gallup fez uma pesquisa com mais de 500 mil pessoas em 2010 e 2011 nos Estados Unidos e percebeu que as pessoas vão ficando mais felizes a medida que a idade vai chegando.

O índice de bem estar chega a 6,8 nas pessoas com idades entre 18 e 21 anos, vai diminuindo até chegar aos 50 anos. A partir dai o índice começa a crescer, atingindo valores inclusive maiores que os da população de 18 a 21 anos, conforme a pesquisa do Gallup com os americanos.

A população mundial está ficando mais velha, com os avanços da medicina fazendo com que a expectativa de vida esteja crescendo em todos os países.

A idade de viver o momento, de aproveitar o que pode ser feito e curtir este aspecto faz com que ocorram menos frustrações.

No Brasil, o estudo Riologia, publicado no MktMais, analisou o perfil das pessoas com mais de 60 anos na cidade e verificou o comportamento destas pessoas na sociedade: 26% tem contas ativas nas redes sociais, 71% são os provedores da família, 76% costumam viajar e 14% tem smartphones.

5 anos de Pesquisas e-Números - Cotidiano

Além do bem estar das pessoas consideradas na melhor idade estar cada vez melhor, essas pessoas continuam consumindo, continuam fazendo parte, de maneira cada vez mais ativa, da nossa sociedade.

Texto de out/2012

Cerveja é saúde

No Pesquisas e Números temos analisado os benefícios que a cerveja traz ao nosso corpo, a Sociedade da Cerveja, na revista Alfa, publica mais estudos relacionando essa bebida a melhores condições de vida.

No blog vimos a diminuição do risco de morte por doenças cardiovasculares, da melhoria dos níveis de colesterol e gordura no sangue e da prevenção do câncer de próstata.

A matéria publicada na Alfa reforça a melhora da memória dos bebedores, diminuição do risco de Alzheimer, mais longevidade, maior proteção contra a gripe, alem de diminuir a chance de desenvolver diabetes do tipo 2.

Mas tudo isso acontece se o consumo da cerveja for feito de maneira moderada, e não tomar atitudes de risco, como por exemplo, dirigir após ingerir uns copos de cerveja, senão todos os benefícios que a cerveja traz a nossa saúde terão sido em vão.

Portanto, beba cerveja, com moderação, seu corpo agradece.

Texto de nov/2012

Que canseira

Você tem se sentido mais cansado ultimamente, ou conseguiu descansar nas festas de fim de ano e 2014 promete ser um ano com toda a sua energia?

Uma pesquisa feita com quase 1500 participantes do Painel Conectaí do Ibope em outubro de 2013 revelou o grau de cansaço dos internautas brasileiros.

No Pesquisas e Números havíamos visto que o stress estava diminuindo, mas nessa pesquisa do Conectaí os resultados mostraram que 98% dos internautas brasileiros estão cansados, física ou mentalmente.

5 anos de Pesquisas e-Números - Cotidiano

Para 54% o cansaço é físico e mental, enquanto 26% apenas mentalmente estão cansados e 20% fisicamente.

Apenas 26% dos "cansados" fazem alguma atividade física pelo menos 3 horas por semana.

Para 42% essa fadiga afeta o seu humor algumas vezes, enquanto 30% sempre estão mau humorados graças ao cansaço.

Apesar dessa canseira generalizada, 43% consideram sua qualidade de vida boa ou ótima, 46% responderam regular e apenas 11% reclamaram que sua qualidade de vida está ruim ou péssima.

E o que fazem os 2% que não estão cansados?

Basicamente mantém o equilíbrio entre a vida pessoal e profissional, tem uma alimentação mais equilibrada e dormem bem, não sofrendo de insônia.

Ja havíamos visto outros dados mostrando a importância da internet na rotina das pessoas, quando elas deixariam de fazer varias coisas, mas dificilmente largariam a internet, ainda mais com os smartphones levando a internet na palma das mãos das pessoas.

O que não pode fazer é deixar que a internet tome conta da sua vida, assim vai deixar você mais cansado e indisposto, tente manter uma harmonia entre a sua vida online com a offline, o equilíbrio não faz mal a ninguém.

Texto de fev/14

5 anos de Pesquisas e-Números - Cotidiano

Alimentação

Pesquisa da Semana - Hábitos de consumo

O Instituto de pesquisas LatinPanel, que acompanha semanalmente o consumo de 8200 famílias brasileiras, nos mostra alguns dados interessantes sobre o consumo de alimentos, bebidas e gastos com lazer. Em 2008 este consumo aumentou 7,8%, sendo que fora de casa essa porcentagem foi de 3,6%. O número de lares com pacotes de TV por assinatura, internet e banda larga cresceu 140% em 2008.

Qual o significado destes números ?

1. A crise econômica faz com que as pessoas economizem nas despesas fora de casa.

2. A maior facilidade de acesso à internet, banda larga e TVs por assinatura, conquistando novos adeptos, popularizando o seu consumo.

3. A violência urbana e o trânsito lento nas grandes cidades valoriza o lazer doméstico.

4. A família volta a ser a célula mater da sociedade, já que dentro de casa pode-se trabalhar, descansar e ter suas opções de lazer. Maior valor ao lar doce lar.

5 anos de Pesquisas e-Números - Cotidiano

5. O grande número de lançamentos de condomínios de prédios e de casas, com amplas áreas de lazer como se fossem clubes, mostra esta tendência.

Se fosse para criar algum produto novo no mercado, além de condomínios com amplas áreas de lazer, a sugestão é de algo que atenda essa tendência, algo que ajude a melhorar e manter o bom convívio familiar.

Texto de mai/2009

O poder de compra do seu salário aumentou - a cesta básica baixou

No mês passado a cidade de Curitiba tinha sido a 4ª capital brasileira onde o custo da cesta básica teve o maior aumento. Boas novas para os curitibanos, no mês de julho tiveram a 4ª maior queda do custo da cesta básica entre as 17 capitais brasileiras analisadas. Estas cidades apresentam as mesmas tendências que estamos analisando na capital paranaense.

Em julho a cesta básica para os curitibanos custou 3,19% menos que o mês anterior, acumulando uma queda de 9,89% neste ano. Em Curitiba é necessário R$ 206,71 para comprar o conjunto de bens alimentícios essenciais, o que corresponde a 48,32% do valor do salário mínimo. Em junho a cesta básica custava R$ 213,52 e em janeiro R$ 227,89.

O tomate, que foi o vilão da subida dos preços da cesta básica mês passado (ver post do dia 7 de julho aqui no blog), se redimiu e foi o produto que sofreu a maior queda, em Curitiba baixou 51,11%

A queda no valor gasto para a compra dos produtos essenciais da cesta básica significa um aumento de salário. Se você está ganhando o mesmo salário e gastando menos para comprar os produtos da cesta básica deve sobrar mais dinheiro no bolso. Então o seu poder de compra aumentou, mesmo sem ter recebido aumento nominal no seu ordenado você consegue comprar mais produtos.

Texto de ago/2009

A culpa é do doce

Um estudo da Universidade de Cardiff, na Grã-Bretanha, concluiu que o consumo diário de açúcar na infância pode levar à violência na vida adulta.

5 anos de Pesquisas e-Números - Cotidiano

A pesquisa, publicada na edição de outubro do British Journal of Psychiatry, estudou 17.500 pessoas e descobriu que 69% dos pesquisados violentos aos 34 anos de idade consumiam doces quase todos os dias quando tinham 10 anos de idade, já entre os não violentos esse índice caía para 42%.

Outra matéria da revista Veja, sendo inclusive capa da revista semanal, discorre sobre os malefícios do açúcar ao organismo humano. O principal vilão nesse caso é o refrigerante, responsável pelo consumo líquido de açúcar pelo organismo e pelas altas calorias existentes. A comparação a seguir foi publicada nesta reportagem da Veja.

A culpa do comportamento violento de algumas pessoas não pode ser atribuída exclusivamente ao consumo de doces, nem culpar o refrigerante como responsável por diversas doenças causadas pelo excesso de açúcar.

O que temos que analisar sobre esses números é que tudo que é consumido em excesso pode fazer mal, o equilíbrio é a melhor medida. Vamos no dito popular: consuma com moderação.

Texto de out/2009

A fome aumenta

A FAO (Organização das Nações Unidas para a Agricultura e Alimentação) divulgou alguns números alarmantes sobre a fome no mundo.

O número de pessoas que passam fome no mundo chegou ao recorde de 1,02 bilhão, aumentando em mais de 10% em relação ao ano anterior. A população total do mundo é de 6 bilhões, ou seja, em um grupo de 6 pessoas, pelo menos 1 está passando fome.

A crise econômica é uma das culpadas pela diminuição das doações e dos investimentos na agricultura nos países. Aliás, a agricultura, que é responsável pela produção dos alimentos, tem perdido importância na preocupação das nações desenvolvidas na hora de auxílio e doações. Em 1980 17% de todas as doações era direcionada à agricultura, este número agora está em 5%.

O Brasil é o 9º maior redutor da desnutrição no mundo, nos anos de 1990-92 a taxa de desnutrição da população era de 10%, índice que passou a 6% no período 2003-05. Entre 1988-92 eram 6,1% as crianças

5 anos de Pesquisas e-Números - Cotidiano

brasileiras menores de 5 anos desnutridas, entre os anos de 2002-07 esse índice caiu para 2,2%.

Thomas Malthus, economista britânico nascido em 1766, tem uma frase famosa sobre esse assunto, "a população cresce em progressão geométrica e os alimentos em progressão aritmética". A conseqüência desta constatação, feita ainda no século 19, mostra que o problema da fome do mundo não é atual.

Se há mais de 200 anos atrás o mundo já recebia os alertas para o problema da fome, vendo que a população mundial estava crescendo mais rápido e em maior número que a produção dos alimentos, o problema continua nos dias de hoje, com esse recorde negativo constatado pela FAO, é sinal que alguma coisa precisa ser mudada. Da maneira como o assunto foi tratado até hoje não resolveu o problema, é necessário, e urgente, achar formas de atacar o problema e diminuir a fome que atinge um em cada seis habitantes da terra.

Texto de out/2009

Mais marmitas

Comer fora de casa está mais caro. É o que o IBGE analisou e o programa Bom Dia Brasil, da Rede Globo, divulgou em seu programa de 03 de novembro de 2009.

Um prato com arroz, feijão, salada e carne está 6% mais caro.

A cesta básica, calculada pelo DIEESE, está mais cara este ano que em 2008 apenas em Salvador (+1,37%) e em Belém (+1,57%), dentre as 16 capitais analisadas pelo DIEESE. Nas outras 14, houve queda nos preços dos itens que a compõem.

Opa, então por que comer fora de casa está mais caro, já que os alimentos baixaram seus preços?

O problema está na subida dos preços de mão de obra, aluguel e energia elétrica, segundo o presidente da Associação Brasileira de Bares e Restaurantes, Paulo Solmucci, que tiveram aumentos entre 6 e 19% nos seus valores.

5 anos de Pesquisas e-Números - Cotidiano

Em maio analisamos nesse blog uma pesquisa que já dava mostras que o hábito de comer fora de casa estava diminuindo.

Se for difícil almoçar em casa para quem trabalha longe de seu lar, o jeito é preparar o almoço em casa, e esquentar a marmita no local do trabalho. Sem considerar a queda dos preços da cesta básica, analisando apenas a subida de 6% na comida fora de casa, a marmita caseira significa 6% a mais de dinheiro no final do mês. A comida caseira está mais barata e agora fica ainda mais gostosa com essa ajuda na economia doméstica.

Texto de nov/2009

Café ou cerveja?

Estudo conduzido por cientistas de Harvard com 50 mil homens entre 1986 e 2006 mostrou que o consumo de alguns produtos pode diminuir a chance do homem ter câncer de próstata.

Os grandes consumidores de café têm até 60% menos chance de contraírem este câncer do que aqueles que nunca tomam a bebida. O café mexe no metabolismo da insulina e da glicose, além dos hormônios sexuais, que tem papel importante nessa doença.

No Centro Germânico de Prevenção ao Câncer em Heidelberg, na Alemanha, cientistas mostraram um estudo onde o xanthohumol, componente natural encontrado no lúpulo é um ótimo aliado na prevenção do câncer de próstata, já que atua bloqueando a ação do estrogênio e da testosterona, diminuindo o nível de PSA, que é o índice que indica a probabilidade do homem desenvolver o câncer de próstata.

Como o lúpulo é a base da cerveja, significa que a cerveja previne o câncer de próstata.

Conforme estudos científicos tanto o café quanto a cerveja previnem o câncer de próstata. A cerveja, como já vimos nesse blog, é uma ótima pedida depois da prática de esportes, estando na temperatura ideal para seu consumo.

O que mais podemos dizer sobre a cerveja, o café e suas propriedades terapêuticas?

Nada, apenas brindar, a nossa saúde !!!

Texto de nov/2009

5 anos de Pesquisas e-Números - Cotidiano

A intoxicação alimentar

Estudo realizado pela Secretaria de Saúde do Estado de São Paulo com 76,8 mil casos de DTA (doenças transmitidas por água e alimentos) ocorridos entre 1998 e 2008 traça um perfil dos casos de intoxicação alimentar no estado.

Onde está o maior perigo?

Em casa, 27% dos surtos ocorridos foram causados pelo consumo de alimentos preparados dentro da própria casa. Em segundo lugar estão os casos ocorridos em refeições fora de casa, bares, restaurantes e lanchonetes, com 24%.

A maior parte dos casos foi de diarréia aguda, causada por bactéria, principalmente a salmonela. Entre estes, 35% estão relacionados ao consumo de alimentos contendo ovos, crus, ou mal cozidos. Outros 16% foram culpa de bolos e doces, 11% por tortas, salgados e lanches e 9% por carnes e aves.

Para concluir, aproveitando essa época de festas de fim de ano, quando há grande preparo de alimentos para as

211

comemorações, vou citar o alerta de Maria Bernadete de Paula Eduardo, diretora da Divisão de Doenças Transmitidas por Água e Alimentos do Centro de Vigilância Epidemiológica da Secretaria:

"O cuidado na hora de preparar alimentos é fundamental para evitar intoxicações, que além de diarréia, podem causar outros sintomas como vômito, cólicas, febre e, em alguns casos, distúrbios alérgicos, neurológicos e até morte"

Nas festas de fim de ano, divirta-se, coma os pratos típicos dessa época, aproveite as festividades,mas tome cuidado com o seu preparo, para que não haja surpresas desagradáveis.

Texto de dez/2009

Aceita um cafezinho?

No Brasil a resposta é sim para a grande maioria da população, segundo pesquisa feita pela Consultoria Ivani Rossi com 1.703 brasileiros em janeiro deste ano para a ABIC (Associação Brasileira da Indústria de Café). Esta pesquisa é realizada anualmente desde 2003.

5 anos de Pesquisas e-Números - Cotidiano

Em 2009 aumentou o consumo de café, pelo menos uma xícara por dia é hábito de 85% dos brasileiros, em 2008 esse índice havia sido de 77%. O café preferido é o coado/filtrado, que em casa é consumido por 93% e fora de casa por 96% dos consumidores freqüentes da bebida. Mas cresceu a participação do café gourmet, de grãos especiais, em 2009 foi de 2,7% do total de café consumido, maior que os 1,2% de 2008. As mulheres são maioria, 54%, contra 46% dos homens no consumo do café.

Já vimos aqui no "Pesquisas e Números" alguns benefícios do café para a saúde das pessoas, na prevenção de doenças, e como a pesquisa "Tendência do Consumo de Café – 2009" levantou, quase a totalidade dos brasileiros tomam o seu cafezinho, a saúde nacional agradece.

Texto de mar/2010

Comece bem o seu dia

Capriche no café da manhã, na sua 1ª refeição do dia, você tem o dia inteiro para gastar essas calorias.

213

Essa é a principal conclusão duma pesquisa publicada no International Journal of Obesity. Um café da manhã gorduroso pode ser mais saudável que outro baseado em frutas e cereais.

"Se ingerirmos uma refeição rica em carboidratos, ela irá promover a utilização dos mesmos durante todo o dia. Mas se, em vez disso, o café da manhã for rico em gordura, pode-se transferir a utilização de energia dos carboidratos para a gordura", explicou o Dr. Martin Young da Universidade de Alabama em Birmingham, publicado na revista Veja.

O café da manhã é capaz de programar o metabolismo para todo o dia, e uma refeição matinal calórica ajuda o organismo a queimar gordura durante o dia.

Mas isso não quer dizer o almoço deve ser mais calórico e o jantar ainda mais, muito pelo contrário. Aqui vale aquele ditado popular: "café da manhã como rei, almoço de príncipe e jantar de plebeu"

Texto de mar/2010

5 anos de Pesquisas e-Números - Cotidiano

São as companhias

Beber socialmente pode ser bom, ou ruim, depende da maneira de como nos relacionamos com nossos grupos sociais e dos comportamentos desses grupos.

Estudos feitos pelo sociólogo Nicholas A. Chistakis, do departamento de políticas de assistência médica da Universidade de Harvard e pelo cientista político da Universidade da Califórnia James Fowler analisam as redes sociais com saúde, bem-estar e assistência médica.

Se alguém bem próximo a você bebe muito, você tem 50% a mais de probabilidade de beber muito também, se um amigo do amigo bebe muito, suas chances de seguir esta linha aumentam em 36%, mas se alguém da sua rede social em terceiro grau, por exemplo, o primo da mãe da sua namorada, as chances de seguir o comportamento aumentam em 15%, mas pára no quarto grau de separação.

Para cada pessoa na rede social que exagera na bebida, a chance da pessoa beber muito cresce em 18% e a probabilidade de não beber nada diminui 7%. E vice-versa, para cada um que não bebe a chance de ser alguém que bebe muito cai em 10%. Para cada amigo

215

abstêmio, as pessoas têm 11% menos chance de beberem de forma moderada, sendo 22% mais provável que também não bebam.

No Pesquisas e Números vimos a influencia da companhia na alimentação das mulheres, onde a refeição era mais, ou menos, calórica conforme quem estava fazendo a refeição junto.

Aqui está comprovado cientificamente o ditado popular: "diga-me com quem andas que eu te direi quem é".

Texto de mai/2010

<u>O tomate é o culpado</u>

Curitiba, Goiânia e Belo Horizonte formam o pódio das capitais brasileiras com maiores aumentos nos produtos da cesta básica no mês passado, segundo os cálculos do Dieese.

Mas o pódio das capitais onde a cesta básica é mais cara é formado por São Paulo, Porto Alegre e Curitiba. Nestas cidades é necessário trabalhar pelo menos 100 horas mensais para conseguir comprar uma cesta básica, considerando o valor do salário mínimo.

Em compensação estão no nordeste as cestas mais baratas, em Aracaju, João Pessoa e Fortaleza.

O tomate foi o grande vilão, mais uma vez, por colocar Curitiba nos 2 pódios, com aumento de 23,03% no seu preço, a batata ajudou um pouco, subindo 18,70% na capital paranaense em outubro.

O feijão só não foi vilão em Curitiba porque outros produtos subiram mais, mas em compensação, aumentou mais de 10% em todas as capitais pesquisadas, exceção apenas na região sul.

A subida no valor da cesta básica foi nacional, não houve nenhum item que tenha caído o preço em outubro.

No Pesquisas e Números já vimos mais sobre os itens que compõem a cesta básica do Dieese, junto com dicas sobre como fazer um prato para uma alimentação saudável.

Quando os seus gastos diminuem sobrando dinheiro no final do mês é um bom sinal, mas quando ocorre o inverso, a cesta básica aumenta sem que seu salário aumente, isso é chamado inflação, que corroeu o seu salário no mês, fazendo com que com o mesmo valor em dinheiro que você recebeu mês passado você compre menos produtos. Efeito contrário ao ocorrido em agosto de 2009, analisado aqui.

Texto de nov/2010

A soneca no trabalho

Depois do almoço dá uma vontade de tirar um cochilo, mas a maioria das pessoas precisa trabalhar e não pode dormir nessa hora.

A Nasa, em estudo coordenado pela especialista em fadiga Mark Rosekind, mostrou que uma soneca que dure em média 26 minutos aumenta a produtividade em até 33% e a capacidade de atenção também cresce em 54%.

Mas a soneca não pode ultrapassar 40 minutos, senão prejudica o sono noturno e deixa a pessoa sonolenta ao invés de melhorar a atenção e produtividade.

5 anos de Pesquisas e-Números - Cotidiano

Dez das cem melhores empresas para trabalhar, conforme estudo publicado na Revista Época, já possuem espaços próprios para a soneca dos seus colaboradores, não interferindo nas horas de trabalho, já que o tempo da soneca está dentro dos intervalos permitidos no horário de trabalho.

Se for pensar apenas no lucro da empresa, a soneca deve ser incentivada, porque melhora a produtividade e a atenção. Mas se for considerar também o bem estar e conforto do funcionário, a soneca também é importante na motivação.

Se a empresa não possui espaço próprio para a soneca, para que o funcionário não tire sua soneca na mesa do trabalho e o ronco atrapalhe os que estão trabalhando, uma solução foi criada pelo restaurante Bello Bello, que oferece um espaço soneca para os clientes, utilizado por cerca de 15% dos seus freqüentadores.

Na hora do almoço as pessoas vão desejar bom apetite e bons sonhos aos outros, aumentando a sua produtividade e capacidade de atenção.

Texto de dez/2010

Gordos

Estudo da OECD sobre o peso da população de alguns países traz dados interessantes.

São considerados obesos 16% da população dos países desenvolvidos.

Nos Estados Unidos 68% de sua população está acima do peso e 28% são considerados obesos.

Mas o estudo não considerou apenas os países desenvolvidos, analisou também outros povos. O México, por exemplo, passa os números americanos, 70% dos mexicanos estão acima do peso e 30% são obesos, sinal que a culinária mexicana é pesada.

O Brasil, em estudo do Ministério da Saúde, atinge níveis próximos aos países desenvolvidos, 47% dos brasileiros estão acima do peso e 14% podem ser considerados obesos. Os homens são maioria, 51% estão acima do peso, contra 42% das mulheres.

5 anos de Pesquisas e-Números - Cotidiano

Na outra ponta da tabela estão o Japão e a Coréia do Sul, que tem apenas 3% e 4% respectivamente, de sua população, considerada obesa.

Analisando esses dados, é melhor que quem precisa perder peso procurar comida japonesa e coreana e fuja de comida mexicana, americana e brasileira.

Mas não é apenas na aparência que a obesidade aparece e incomoda. Antes dos anos 1980 a taxa de obesidade dos países não chegava em 10% da população, aumentando drasticamente nos anos seguintes, tornando-se um problema de saúde, já que a expectativa de vida da pessoa obesa é quase 10 vezes menor que das pessoas com peso normal.

Texto de mar/2011

A cor da embalagem para as crianças

O que mais chama a atenção das crianças na hora de escolher salgadinhos ou bolachas doces?

Para responder essa pergunta a nutricionista Ana Paula Gines Geraldo, da Faculdade de Saúde Pública da

USP,pesquisou 152 alunos do ensino fundamental duma escola particular em Taubaté (SP).

As crianças tinham como tarefa desenhar uma embalagem de bolacha doce e de salgadinho que lembravam, sem necessariamente terem consumido esse produto recentemente. A análise desses desenhos identificou os componentes de marketing que as crianças mais lembram nas embalagens desses produtos.

Os componentes que mais apareceram nos salgadinhos foram: a marca (54,6%), a imagem do produto (45,4%) e o personagem (27%). As cores mais utilizadas foram o vermelho (36,8%), o azul (30,3%) e o amarelo (22,4%).

Nas bolachas doces a marca (62,5%) foi a que mais apareceu, vindo depois o personagem (30,9%) e a imagem do produto (25%). As cores mais utilizadas foram o azul (36,8%) e o marrom (26,3%).

A marca dos salgadinhos e bolachas doces é importante para a maioria das crianças, e a existência de algum personagem que faça a ligação entre o biscoito e a marca também ajuda na hora da criança lembrar-se do produto. Dos salgadinhos comercializados no mercado 53,8% têm personagem na embalagem, ocorrendo o mesmo em 54,4% dos biscoitos doces. Isso mostra a força que um personagem deixa na memória infantil.

Mais uma demonstração da importância que o design da embalagem do produto tem, não adianta "apenas" criar e desenvolver bons produtos, a maneira com que será mostrado ao público, sua embalagem, também é importante para chamar a atenção do consumidor, como já analisamos no **Pesquisas e Números**.

Texto de abr/2011

O chocolate e o brasileiro

A Páscoa já passou, foi semana passada, mas os chocolates ainda continuam presentes nos lares brasileiros.

Para conhecer os consumidores de **chocolate no país** o Ibope foi pesquisar sobre isso, ouvindo mais de 18 mil pessoas nas principais regiões metropolitanas brasileiras.

66% dos brasileiros consumiram algum chocolate nos últimos 7 dias quando a pesquisa foi feita, sendo que entre os homens o índice é de 61%, subindo a 71% entre as mulheres.

As pessoas com idades entre 12 e 19 anos são as que mais consomem o produto, 77%, enquanto as que estão entre 55 e 64 anos o número diminui para 53%.

Em Curitiba o consumidor de chocolate está mais presente, 73%, enquanto o morador do Rio de Janeiro é o que menos consome o produto, 63%.

O tablete é o preferido pelos consumidores, que foi consumido por 82% dos entrevistados, enquanto os bombons foram consumidos por 72% e as barras recheadas por 55%. Como a soma dos 3 principais tipos de chocolate supera os 100%, significa que o consumidor de chocolate o faz com frequencia, e não tem um estilo preferido, pode consumir tanto em tabletes quanto bombons ou barras recheadas.

O chocolate é matéria de inúmeras reportagens nessa época, sobre seus benefícios à saúde, receitas de vários pratos usando cacau, enfim, para que gosta do chocolate, no Oba Gastronomia há alguns textos, e receitas, interessantes sobre esse doce tema.

Texto de mai/2011

5 anos de Pesquisas e-Números - Cotidiano

Café? Saúde !!

Cada vez mais o café vai se tornando um poderoso aliado à boa saúde das pessoas.

Desta vez foi a Associação Americana do Coração que publicou um estudo comprovando os benefícios do café para os adultos e até mesmo as crianças. Para os adultos protege contra possibilidade de doenças como derrame e Alzheimer, e no caso das crianças melhora a concentração e a memória.

Não é a primeira vez que analisamos no Pesquisas e Números o café e sua importância na saúde das pessoas, nesta matéria vimos que a chance do homem ter câncer de próstata pode diminuir com o consumo desta bebida.

E qual deve ser o consumo ideal?

Segundo os especialistas de saúde, 600 ml de café por dia é a porção ideal, que corresponde de 3 a 4 xícaras diárias.

Conforme já vimos no Pesquisas e Números, podemos afirmar que o brasileiro está se cuidando bem, em se tratando do consumo de café, já que estamos consumindo cada vez mais essa bebida. As mulheres estão se cuidando mais que os homens, pois entre os bebedores de café, a maioria pertence ao sexo feminino.

Texto de jul/2011

O que comemos

O IBGE divulgou alguns hábitos alimentares das famílias brasileiras, através da sua **Pesquisa de Orçamentos Familiares.**

O arroz e feijão continuam soberanos nas mesas pelo país, bebendo sucos ou refrigerantes e um cafezinho para arrematar a nossa refeição típica brasileira.

O arroz está presente em 84% das mesas brasileiras, que consomem 160g por dia, enquanto o feijão está menos presente, em 73% das mesas brasileiras, mas seu consumo médio per capita é superior ao arroz, de 183g. Tanto o arroz quanto o feijão aparecem com apenas 12% de seu consumo sendo feito fora de casa.

5 anos de Pesquisas e-Números - Cotidiano

O café, que vimos bastante no Pesquisas e Números, está presente em 79% do consumo diário do brasileiro, que toma 215g diárias, apenas 10% deste consumo é feito fora de casa, e a medida que aumenta a idade do brasileiro o seu consumo aumenta também.

Em compensação, outro item importante para a saúde, como vimos algumas vezes por aqui, a cerveja, é consumida 64% fora de casa, em 31g diárias em média (aproximadamente 600ml), consumida quase 5 vezes mais por homens que mulheres.

A Folha de São Paulo divulgou essa pesquisa através de um infográfico muito interessante, onde se pode ver o consumo médio alimentar diário dos brasileiros, e sua divisão entre homens e mulheres, jovens, adultos e idosos e também entre faixas de renda. Clique aqui para saber de mais alimentos e seu consumo pela população.

Além da curiosidade em saber o que, quem e quanto estamos comendo em nossas refeições, essa pesquisa mostra um dado interessante, que a nossa alimentação está longe de ser considerada saudável, faltando algumas vitaminas que são importantes para nosso organismo, e sobrando itens como gordura saturada, por exemplo, que consumimos em excesso.

Texto de set/2011

Sem café a produtividade cai

Temos comentado bastante sobre o café e a sua presença no dia a dia dos brasileiros, inclusive com números sobre seu consumo no país.

Mas não é apenas no Brasil que o café é uma bebida apreciada e bastante consumida, em outros países ela também se destaca. Nos Estados Unidos foram pesquisados mais de 3600 profissionais de diversas áreas sobre a importância desta bebida para a produtividade das pessoas.

Para 32% dos profissionais americanos o café está presente no dia de trabalho, sendo que 43% destes avaliam que seriam menos produtivos sem o café.

Entre os jovens de 18 a 24 anos, para 40% a bebida é importante para a concentração nas tarefas profissionais, sendo que 24% destes compram café como uma forma de recompensa pelo trabalho bem feito.

Nos Estados Unidos na lista dos profissionais onde o café é fundamental nos seus dias estão, entre outros, os arquitetos, engenheiros, designers, professores, cientistas, médicos, enfermeiros, publicitários e relações públicas.

No Brasil a bebida está presente em 79% do consumo da população, à frente inclusive do arroz e do feijão, sendo inclusive fonte de saúde, também analisado por aqui.

Apesar da pesquisa do IBGE ter levantado que 10% do consumo do café é feito fora de casa, acredito que muitos profissionais tomam o seu cafezinho enquanto trabalham, com números que devem ser até superiores aos desta pesquisa feita nos Estados Unidos.

Texto de set/2011

O saudável chocolate

Temos analisado alguns alimentos e bebidas saudáveis, no sentido que sua ingestão traz mais benefícios à nossa saúde.

O chocolate é um alimento que está presente em cada 2 de 3 brasileiros, já vimos por aqui uma pesquisa do Ibope sobre a relação do brasileiro com o chocolate.

Um grupo de cientistas britânicos resolveu analisar investigações anteriores sobre a relação entre o consumo do chocolate e a saúde das pessoas. Cinco estudos comprovaram de maneira positiva o consumo de chocolates com o menor risco de doenças cardiovasculares.

Ao comparar cidadãos que consomem constantemente chocolate com os que não o fazem com tanta freqüência, os cientistas concluíram que houve uma redução de 29% na incidência de derrames e de 37% de doenças cardiovasculares entre os consumidores de chocolate.

O café é um poderoso aliado na saúde das pessoas, a cerveja também, agora o chocolate entra na lista dos alimentos que faz com que seus consumidores corram menos riscos de saúde que os que não os consomem.

Claro que todo alimento deve ser consumido de maneira moderada, não é porque o café, a cerveja e o chocolate trazem benefícios à nossa saúde que vamos estar tomando litros e litros de café e cerveja e comermos quilos e mais quilos de chocolate. Se abusarmos no consumo vamos passar mal, mesmo o alimento sendo saudável.   Texto de out/2011

5 anos de Pesquisas e-Números - Cotidiano

Mulher

Papai, mamãe, filho e o Totó – a nova família brasileira

Vamos comentar a matéria da Revista Veja desta semana sobre a família animal.

Algumas considerações sobre a população brasileira:
- O tamanho da família brasileira têm diminuído nos últimos anos, no último levantamento do IBGE a média é de 3,2 pessoas por domicílio.
- A população brasileira é de 200 milhões de habitantes
- O número de domicílios brasileiros é de 62,5 milhões
- A divisão da sociedade brasileira em classes sociais é a seguinte:
Classe A - 4,58%
Classe B – 28,29%
Classe C – 45,78%
Classe D – 19,51%
Classe E – 1,84%

Algumas considerações sobre a população brasileira de animais domésticos:
- 77 milhões de animais nos lares brasileiros

5 anos de Pesquisas e-Números - Cotidiano

32 milhões de cães

19,5 milhões de pássaros

16 milhões de gatos

7,5 milhões de peixes

2 milhões de outros animais

- Consumo potencial de ração de 4,1 milhões de toneladas/ano

- 40 mil pet shops existentes

A população de cães representa 16% da população brasileira, há 1 cão para cada 6,25 pessoas, 1 cão a cada 2 domicílios. O que isso quer dizer? Você tem algum animal de estimação? Não, mas seu vizinho provavelmente tem.

Apenas a população de cães e gatos (48 milhões) representa 24% da população brasileira.

Se você quer investir em algum produto voltado à população das classes C e D, ou à classe A, vai encontrar um número de "consumidores" menor que o de cães e gatos no Brasil.

Vale a pena prestar atenção na população de animais domésticos no país. E é o que já está acontecendo, há uma pet shop para cada 1925 animais. Para comparar, há uma farmácia para cada 2600 pessoas no Brasil.

Os animais de estimação estão realmente fazendo parte da família brasileira, inclusive nos gastos domésticos, a conta "pet gastos" deve ser incluída na planilha financeira mensal.

Texto de jul/2009

Mulheres comendo juntas = Mais calorias

Foi realizado um estudo coordenado pela pesquisadora Meredith Young, da Universidade McGill, do Canadá, observando o comportamento das pessoas comendo em grupos, quando foram analisados 469 homens e mulheres em lanchonetes canadenses.

Os homens, estando na companhia de outros homens ou na companhia de mulheres, comeram em média 716 calorias cada.

As mulheres comeram em média 609 calorias, menos que os homens, naturalmente. O que surpreende é que em grupos de apenas mulheres, a média foi de 665 calorias, e este número baixa para 552 calorias quando estavam em grupos de mulheres e homens juntos. Mas se o grupo de mulheres passa de quatro pessoas, essa média foi para 800 calorias cada, superior até à média masculina.

A mulher é influenciada pelas companhias, em grupos femininos grandes a tendência é pela escolha de comida mais calórica e em maior quantidade. Se a mulher quiser manter a forma e até fazer regime, o ideal é fazer a sua alimentação em grupos mistos, com a presença masculina, para inibir seu apetite e diminuir as calorias da refeição.

Texto de ago/2009

Mulheres otimistas = Mais vida

Mulheres otimistas correm menos riscos de ter doenças cardíacas e vivem mais. Quase cem mil mulheres participaram deste estudo nos Estados Unidos, publicado na revista científica "Circulation". Já as pessimistas tendem a ter níveis mais altos de colesterol e de pressão.

Mulheres otimistas tiveram 9% menos chances de desenvolver problemas cardíacos e 14% menos chances de morrer por qualquer causa após oito anos de acompanhamento.

Por outro lado, mulheres que cultivam sentimentos hostis ou não confiam nos outros apresentaram 16% mais probabilidade de morrer dentro do mesmo período. As otimistas fazem mais exercícios e são mais magras do que as pessimistas.

"As evidências indicam que negatividade constante e em alto grau é ruim para a saúde", disse a pesquisadora Hilary Tindle, da University of Pittsburgh.

Problemas todas têm, a diferença é na forma de levar a vida e aceitar e tentar resolver os problemas. A diferença de atitude é importante no dia a dia das mulheres, e isso se reflete na sua saúde. Pratique o otimismo.

Texto de ago/2009

Eles estão de olho na...

O Kodak Lens Vision Centres realizou uma pesquisa entrevistando 3 mil pessoas entre 18 e 50 anos na Grã-Bretanha.

5 anos de Pesquisas e-Números - Cotidiano

A pesquisa quis saber para onde seguem os olhos de britânicos e britânicas.

Os olhos dos homens passam 43 minutos por dia em 10 mulheres, em média.

As mulheres são mais contidas, olham para 6 homens por dia, em média, num total de 20 minutos.

O supermercado é o local onde rolam mais olhares, logo após estão os bares e casas noturnas.

Esses olhares podem render algo mais, para 35% dos entrevistados o início de um relacionamento veio através de uma "olhada".

Se você sentir que está sendo observado, relaxe, estamos olhando mesmo, e elas também estão de olho em nós. Afinal, todo mundo olha mesmo.

Texto de set/2009

A crise econômica e o sexo no Japão

O economista japonês Takashi Kadokura realizou um estudo publicado no Japão pela revista "Sapio", e no Brasil na revista Época Negócios, sobre o rendimento dos trabalhadores japoneses e o sexo.

Com a crise econômica, os solteiros que ganham menos de R$6.667,00 por mês (equivalente a aproximadamente 2,5 salários mínimos no Japão) estão com cada vez menos chance de mudarem esta condição, já que 46% das mulheres que estão a procura de um pretendente nem querem conversa com quem recebe menos do que este valor, e 29% das mulheres não sairiam com alguém que não ganhasse pelo menos R$10.000,00 por mês.

Pelos dados do Ministério do Interior do Japão apenas 1,58 milhão de japoneses estão na faixa salarial acima de R$6.667,00. Na faixa etária entre 25 e 34 anos, as mulheres solteiras são 3,87 milhões . Para cada homem solteiro nesta faixa de rendimento há 2,4 mulheres solteiras à sua procura.

Entre os solteiros com idade entre 30 e 34 anos, 25% ainda são virgens, sem nunca terem feito sexo. E se o rendimento for menor que R$3.333,00 por mês a situação está difícil mesmo, 73,9% não estão saindo com ninguém atualmente.

O economista Takashi Kadokura concluiu que uma das medidas que o novo governo deverá adotar é o de diminuir a diferença nos salários, para evitar o crescimento deste abismo sexual.

Esse é um problema sério, a taxa de fecundidade das mulheres japonesas é de 1,34.
Quando esta taxa fica inferior a 2,1 a população do país cresce em ritmo cada vez mais lento, o que depois de algumas décadas diminui o tamanho de sua população. Ou seja, a crise econômica está fazendo mais estragos no Japão além da troca de Governo.

Texto de set/2009

A força das mulheres

Hoje, em matéria do Bom dia Brasil, da Rede Globo de televisão, a força das mulheres foi mostrada em números. Nos Estados Unidos elas já são maioria dos estudantes nas universidades, em 2009 se tornaram maioria no mercado de trabalho americano também.

No livro Women Want More (as mulheres querem mais), de autoria de Michael J. Silverstein e Kate Sayre, foi divulgada uma pesquisa feita pelo BCG (Boston Consulting Group) com 12 mil mulheres em 22 países.

Através desta pesquisa os autores concluem que elas privilegiam os valores humanos e têm objetivos sublimes. As coisas mais importantes são o amor (para 77% das entrevistadas), a saúde (58%), a honestidade (51%) e o bem estar emocional (48%). Elas são responsáveis por 60% do consumo mundial.

Nos Estados Unidos elas já são donas ou sócias de 40% das empresas, representam 57% dos formandos em suas universidades. As empresas controladas por mulheres estão crescendo o dobro em relação às empresas dos Estados Unidos em geral, e mais rápido que as empresas controladas por homens.

No Brasil a participação das mulheres no mercado de trabalho cresceu 42%, entre 1998 e 2008, segundo a **Síntese de Indicadores Sociais do Instituto Brasileiro de Geografia e Estatística (IBGE)**. São 68,6% dos homens com idade superior aos 10 anos de idade que trabalham no Brasil, enquanto entre as mulheres esse índice é de 47,2%. Isso quer dizer que 42,6% dos trabalhadores brasileiros pertencem ao sexo feminino. A escolaridade das mulheres que trabalham é superior à dos homens (9,2 anos de estudo contra 8,2), mas em termos salariais recebem em média 34% menos que os homens.

5 anos de Pesquisas e-Números - Cotidiano

As mulheres estão cada vez mais influentes na economia mundial, sua importância vai além da conquista de espaços no mercado de trabalho através de sua capacidade. Atenção e respeito às mulheres é fundamental para quem quer atender bem o seu consumidor.

Texto de out/2009

A compra da cueca

A loja de departamentos britânica Debenhams fez uma pesquisa sobre a compra de cuecas naquele país.

O homem compra as suas próprias cuecas com 23 anos de idade, e até chegar aos 33 anos a tendência de comprar suas roupas de baixo vai diminuindo até chegar a zero. Volta a aumentar entre os 38 e 40 anos, e chega novamente a zero aos 44 anos, que é a última idade em que os homens são os responsáveis pela compra de suas cuecas, depois dessa fase a responsabilidade de compra passa a ser da esposa ou da filha.

As idades em que o homem compra as suas próprias cuecas coincidem com as idades em que os homens iniciam relacionamentos amorosos. Pelo menos na Grã-

Bretanha aos 23 anos é a idade em que os homens estão mais ativos, com 33 estão em um relacionamento estável, que pode terminar quando chega aos 38-40 anos, quando retomam a responsabilidade de compra da cueca e busca de um novo relacionamento, e aos 44 anos o britânico embarca em um novo relacionamento estável e encerra de vez suas funções de comprar as próprias cuecas.

A mulher pode perguntar para o homem que a convida para sair se é ele quem compra as próprias cuecas (perguntinha indiscreta né), se a resposta for afirmativa é sinal que o homem está querendo impressionar. Se o homem está comprando suas próprias cuecas é sinal que está bem intencionado, está buscando uma companheira para relacionamento.

E no Brasil, como é a compra da cueca?
Ainda não vi pesquisas a esse respeito.

Texto de nov/2009

5 anos de Pesquisas e-Números - Cotidiano

Cientistas da Universidade de Leeds, na Inglaterra, descobriram o número certo sobre o quanto a mulher deve mostrar do seu corpo para seduzir o público masculino.

As 4 cientistas responsáveis pelo estudo foram a uma das maiores boates da cidade e registraram o que as mulheres estavam usando e as vezes que eram abordadas.

O número mágico é 40%. As mulheres que mostraram 40% de seu corpo foram 2 vezes mais abordadas que aquelas que estavam totalmente vestidas, e foram mais vezes abordadas até mesmo por que aquelas que deixaram mais partes do corpo à mostra.

Humm, e como é deixar 40% do corpo à mostra?

O estudo considerou que cada braço representa 10%, cada perna 15% e o torso 50% do corpo feminino.

40% significa deixar 2 pernas e 1 braço a mostra, ou ainda os 2 braços e as 2 pernas com meia soquete até o joelho.

E no Brasil, qual seria o número mágico?

A Inglaterra é um país com clima mais frio que o nosso, por isso é comum as pessoas, homens e mulheres, usarem mais roupas do que no Brasil, que tem o clima mais quente. Se a mesma pesquisa fosse feita por aqui acredito que o número ideal da sedução seria diferente. O que vocês acham?

Texto de nov/2009

A perfeição do rosto feminino

Um rosto feminino bonito é fácil de definir, basta caminhar pelas ruas das nossas cidades que encontramos vários para admirarmos.

Mas é possível definir o rosto matematicamente perfeito?

Para pesquisadores americanos e canadenses essa resposta existe, é a proporção áurea que define as medidas perfeitas para o rosto da mulher. A proporção áurea diz que a razão entre (a + b) e (a) coincide com a razão entre (a) e (b). Essa proporção teria sido utilizada na construção das pirâmides e nas obras da Grécia antiga.

Para chegar a esse resultado os cientistas foram mostrando fotos da mesma modelo a voluntários, alterando algumas feições através de edição de imagens, e perguntando quais das fotos mais agradavam.

A conclusão deste estudo definiu que a distância entre olhos e boca deve ser de 36% do comprimento do rosto, e cada olho deve estar distante um do outro a 46% da largura do rosto, orelha a orelha.

Uma mulher que tem o rosto com as proporções perfeitas é a canadense Shania Twain, na foto acima.

Já as atrizes Angelina Jolie, na foto á direita, e Elizabeth Hurley, à esquerda, não têm essas proporções, mas não quer dizer que as duas sejam exemplos de rostos feios, apenas que não estão dentro da perfeição, matematicamente falando.

Cientistas britânicos já chegaram ao número ideal para as mulheres mostrarem seu corpo no jogo da sedução, agora cientistas americanos e canadenses chegaram ao número ideal para o rosto feminino. Ainda bem que o ser humano não é uma ciência exata e são infinitos os rostos bonitos, cada um com a sua beleza singular.

Sem contar que sempre temos cosméticos, produtos para estética e perfumes que podem ajudar a chegar nesses números ideais, sem esquecer que dormir bem e se alimentar de maneira equilibrada também contribuem para isso.

Texto de fev/2010

O bumbum perfeito

Uma equipe de cientistas da Universidade de Manchester, na Inglaterra, desenvolveu uma fórmula matemática para calcular a perfeição no bumbum feminino, publicada na revista VIP.

Bumbum Perfeito = $(S+C)x(B+F)/(T+V)$, onde:
S é formato do bumbum,
C é a sua curvatura,
B o balanço,
F é a firmeza,
T a textura da pele e
V é a proporção entre a cintura e o quadril.

5 anos de Pesquisas e-Números - Cotidiano

Cada variável recebe uma pontuação entre 1 e 20.

Para chegar ao bumbum perfeito o resultado dessa fórmula tem que ser 80.

Pelos cálculos britânicos quem alcançou essa perfeição matemática foi a cantora australiana Kylie Minogue. Eles esqueceram de visitar o Brasil, no carnaval temos várias espécies, de todos os tamanhos e formatos para serem calculados e chegar ao número perfeito.

Cientistas britânicos já calcularam a beleza do rosto feminino, já chegaram à porcentagem ideal que as mulheres devem mostrar do seu corpo para serem mais sedutoras, agora acharam a fórmula do bumbum perfeito. Ainda bem que a ciência britânica não estuda apenas esses aspectos da vida do ser humano.

Texto de fev/2010

Lingerie, que cor você prefere?

Qual a cor preferida da lingerie? Pesquisa feita na Grã Bretanha com 1001 mulheres e 1016 homens tirou essa dúvida.

Para 61% das mulheres britânicas que querem impressionar seus homens a lingerie escolhida para esse momento é a vermelha.

Já na opinião de 56% dos britânicos a cor vermelha é a que menos gostam de ver numa mulher. Enquanto 47% votaram na lingerie preta como a sua favorita, deixando a cor branca em segundo lugar, com 34% das preferências masculinas na Grã Bretanha.

Nesse quesito as mulheres e homens na Grã Bretanha não tem se acertado, enquanto elas acham que eles preferem a lingerie vermelha, essa cor é a que eles menos gostam.

Mas, apesar desse "desencontro" nunca nasceram tantos britânicos quanto no ano de 2008, como já vimos aqui no Pesquisas e Números, sinal que a cor da lingerie não está fazendo diferença para os casais da Grã Bretanha.

Texto de mar/2010

5 anos de Pesquisas e-Números - Cotidiano

A chefa

Hoje, 8 de março, é o Dia Internacional da Mulher. Vamos analisar mais profundamente uma matéria do blog Gestão Feminina da semana passada, sobre a pesquisa anual "A mulher e o mercado de trabalho", onde a Catho consultoria pesquisou mais de 100 mil executivos em São Paulo.

Segundo a pesquisa, as mulheres, em cargos de chefia, valorizam mais seus subordinados, na opinião de 84,94% dos entrevistados, e entre o público masculino pesquisado esse índice sobe a 89,43%.

Pela Síntese de Indicadores Sociais do IBGE de 2008, os homens trabalhadores receberam em média, em 2008, R$ 1.130 mensais, enquanto as mulheres receberam R$ 801, valor 41% maior para os homens. As mulheres empregadoras receberam em média, em 2008, R$ 2.497, enquanto os homens empregadores receberam R$ 3.161, 26% a mais para os homens.

A formação das mulheres é superior à dos homens. Em 2008 a média entre as mulheres ocupadas era de 9,2 anos de estudo, enquanto entre os homens essa média é de 8,2 anos. Se formos analisar a população brasileira

249

com pelo menos 12 anos de estudo, 56,7% pertencem ao sexo feminino e 43,3% ao masculino.

O Fórum Econômico Mundial, em Davos (Suiça) publica anualmente o The Global Gender Gap Report (Relatório da Desigualdade Global de Gênero), onde calcula o índice de diferenças entre homens e mulheres em 134 países, e segundo o último Relatório, de 2009, o Brasil ocupa a 81ª posição. Este índice leva em considerações a participação feminina em 4 setores da sociedade: economia, educação, saúde e política.

A mulher está ocupando espaço cada vez maior na sociedade, apesar do relatório do Fórum Econômico Mundial mostrar que ainda há muito a ser feito para diminuir essa desigualdade.

O futuro e o crescimento profissional dependem do estudo e formação, nesse quesito a mulher larga na frente.

Pela valorização dos funcionários, para melhorar o Brasil no ranking de desigualdade global de gênero, vamos torcer para que mais mulheres se tornem "chefas" pelas empresas no país todo.

Texto de mar/2010

5 anos de Pesquisas e-Números - Cotidiano

A memória feminina é melhor

Depois de ouvir 10 palavras, repita-as em 2 minutos, e 5 minutos mais tarde, repita-as de novo.

Este teste foi feito com 10 mil voluntários escoceses, gauleses e ingleses aos 50 anos de idade, coordenado pelo Instituto de Educação da Universidade de Londres.

As mulheres se saíram melhor nesse teste. O placar feminino foi 5% melhor que os homens nos testes de 2 minutos, e nos de 5 minutos a memória feminina teve 8% melhores resultados que a masculina.

A próxima etapa do teste consistia em riscar as letras "p" e "w" de um caça-palavras, em um minuto, mais uma vez as mulheres foram mais ágeis que os homens. Mas a próxima etapa consistia em nomear quantos animais conseguissem, em um minuto, e finalmente os homens conseguiram se igualar as mulheres, houve empate nesse teste.

Os homens agora já têm uma desculpa quando as mulheres reclamarem que eles não se lembram de alguma coisa, afinal, a memória masculina é inferior à feminina, conforme esse estudo científico demonstrou.

O problema é os homens se esquecerem desta pesquisa e não lembrarem na hora de ter que dar a desculpa.

Texto de mar/2010

As loiras

O jornal britânico Economic Letters fez uma pesquisa sobre a cor do cabelo das mulheres e a relação com o salário anual médio das trabalhadoras na Grã Bretanha.

As loiras recebem salários 7% mais altos que as britânicas com outras cores de cabelo. De acordo com esse estudo, que foi conduzido pela Universidade de Queensland, os maridos das loiras também são mais bem pagos que os das morenas e ruivas, recebem em média 6% a mais.

Ano passado vimos aqui no "Pesquisas e Números" que os homens de bigode nos Estados Unidos são mais bem pagos que os barbudos e os que tem o rosto liso.

5 anos de Pesquisas e-Números - Cotidiano

Os britânicos moradores de casas azuis também são pessoas de sucesso, como vimos aqui no blog .

E se a loira ainda usar bigode? Imagina morando numa casa azul?
É muito sucesso junto numa pessoa só.

Texto de abr/2010

As mulheres e suas opiniões

Pesquisa realizada pelo Instituto Qualibest com 882 mulheres em 10 capitais brasileiras analisou a mudança constante no comportamento feminino.

Durante o ano as mulheres mudam de opinião 44 vezes sobre assuntos polêmicos, como política, sexo e religião, 52 vezes sobre o estilo de roupa e 21 vezes a respeito de seu estilo pessoal.

Por quê essas mudanças de opinião?

Para se adaptar mais facilmente ao ambiente em que vivem, na opinião de 49% das entrevistadas, 46% mudaram após observar que sua idéia anterior estava errada, 42% foram convencidas pelos argumentos de outra pessoa, 38% consideram a mudança uma característica pessoal e 36% estavam sob influência de mudanças repentinas de humor.

Onde ocorrem mais mudanças na opinião feminina?

Para 49% delas a maior dúvida surge na hora de escolher a roupa para sair, para 48% durante a compra de roupas, sapatos e acessórios e 39% nas compras de supermercado.

Mudar de idéia o tempo todo é uma característica totalmente feminina na opinião de 55% das entrevistadas, que consideraram também que ter mais objetividade é uma característica masculina (55%).

Já vimos no blog a força das mulheres, a opinião delas como consumidoras. Também vimos a importância de conhecer bem os hábitos e costumes dos consumidores.

E agora? Como pesquisar e conhecer a opinião das consumidoras, já que a única certeza que elas têm sobre suas idéias é que elas mudam constantemente?

Bom, o que eu posso dizer ao planejador de marketing, ao estrategista, ao estudioso de mercado é:

5 anos de Pesquisas e-Números - Cotidiano

Boa sorte!!!

Texto de abr/2010

A chefa, ou o chefe, quem é melhor?

Pesquisa da Duke University, nos Estados Unidos, com 300 estudantes de graduação e pós-graduação da instituição, chegou a conclusão que as mulheres são melhores como líderes que os homens.

Para a pesquisa foram analisadas características de líderes fictícios, e comparando os resultados obtidos para os homens e para as mulheres, as respostas foram mais favoráveis à ascensão delas.

Em ambientes de negócios, a competência e a simpatia são adjetivos mais comuns entre as executivas, além de saberem levar melhor os relacionamentos profissionais.

Esta pesquisa avaliou a liderança feminina nos Estados Unidos. E no Brasil, como seria?

A pesquisa mais recente sobre o empreendedorismo, do GEM, realizada anualmente em mais de 50 países, comprovou que a atividade empreendedora nos Estados Unidos é de 8%, sendo que 37% destes são mulheres. No Brasil a mesma pesquisa comprovou que 15% dos brasileiros estavam à frente de algum negócio em 2009, e 53% destes empreendedores pertenciam ao sexo feminino. Ou seja, o Brasil está à frente dos Estados Unidos no que diz respeito à mulher empreendedora, sendo assim, a tendência é a mulher aumentar o seu espaço na vida econômica brasileira, ainda mais depois que esta pesquisa concluiu a superioridade feminina no papel de líder.

Texto de jun/2010

Mulher, mãe e trabalhadora

Temos acompanhado no Pesquisas e Números a força da mulher, como consumidora, chefa, empreendedora e outros papéis que ela tem que desempenhar no seu dia a dia.

5 anos de Pesquisas e-Números - Cotidiano

A mãe que trabalha sempre levanta dúvidas sobre o desenvolvimento dos seus filhos. Pensando nisso a Universidade Colúmbia, de NY, fez uma pesquisa com mais de 1000 crianças com idades entre 3 e 7 anos, em diversos estados americanos, durante os anos de 2002 e 2009, com o objetivo de medir o efeito do trabalho materno durante os primeiros anos de vida das crianças.

As pesquisas foram feitas com mães, sendo que 55% trabalhavam em tempo integral, 23% em meio expediente e 22% não trabalhavam fora de casa. As crianças que participaram deste estudo foram avaliados em 8 testes cognitivos e 10 testes socioemocionais.

Os resultados deste trabalho mostram que os filhos de mães que trabalham durante o 1º ano de vida por meio período não apresentam diferenças de desenvolvimento cognitivo ou emocional daquelas que não trabalham e passam o tempo todo com as crianças.

Os filhos de mães que trabalham expediente integral têm riscos de perdas cognitivas suaves, já que em 4 dos 8 testes cognitivos aplicados, os resultados dos filhos de mães que trabalham em período integral foram suavemente inferiores aqueles cujas mães não trabalham. Essa diferença é amenizada quando há bons cuidados por parte de quem ficou responsável pela criança, harmonia familiar, segurança financeira e maior sensibilidade da mãe, que se realiza no trabalho.

No Brasil 76% das mães trabalham fora, 43% são chefes de família. Entre os empreendedores brasileiros, 53% são mulheres, elas são melhores chefes que os homens, têm mais facilidade em dar feedbacks, estão em maioria nas faculdades, sua memória é melhor e têm poder decisivo como consumidoras, inclusive na compra de cuecas.

Mas, apesar de todos esses números a mãe que tem filhos pequenos não é vista com bons olhos pelo mercado.

A mãe que volta de licença maternidade e reassume seu trabalho geralmente é vista como não tão comprometida com sua função como estava antes da maternidade. Essa pesquisa feita em NY comprova que a mãe, pelo simples fato de ser mãe, aumenta a sua responsabilidade e sua realização pessoal, se tornando uma melhor profissional. Não é necessária a sua presença o tempo todo na empresa para comprovar o seu profissionalismo, já que a maioria dos trabalhos é mental, intelectual, que podem ser feitos também quando a mãe, a mulher, está em casa cumprindo seus múltiplos papéis. Esse mesmo pensamento deveria ter a empresa que não contrata mulheres que são mães com filhos pequenos, com o pensamento que elas não terão o mesmo comprometimento das outras pessoas.

A mulher está aumentando cada vez mais a sua participação e importância na sociedade, já que quando assume o papel de mãe ela amplia seu número de atividades e responsabilidades. Como o dia da mãe não tem mais que 24 horas, ela está fazendo mais coisas no mesmo período de tempo, aumentou a sua capacidade pessoal após a maternidade.

Mesmo assim ainda tem gente, e empresas, que acha que a mulher perde comprometimento quando se torna mãe. Não conseguem perceber que o que acontece é justamente o contrário, a mãe assume mais responsabilidades, está mais comprometida, sabe gerenciar melhor o seu tempo e suas inúmeras funções, ou seja, a mãe preenche o perfil ideal que toda empresa busca.

Texto de ago/2010

Elas são mais organizadas

Ah, essas mulheres. Elas são maioria entre os empreendedores brasileiros, são melhores chefes, e agora, numa pesquisa feita com 4 mil trabalhadores pela empresa americana de etiquetagem DYMO, concluiu que elas são mais organizadas no trabalho.

São 32% os trabalhadores que se consideram muito organizados no trabalho, enquanto entre as trabalhadoras esse índice é de 43%. A mesa dos homens está impecável para 30% deles, já entre as mulheres, o índice vai a 40%. Entre os homens 37% afirmaram que mantém um sistema de arquivamento organizado, enquanto esse índice ultrapassa os 50% entre as mulheres.

Considerando que essas repostas foram obtidas sobre as percepções que cada um tem sobre o que é organizado, ou bagunçado, e as mulheres são mais exigentes em suas avaliações que os homens, acredito que elas são ainda mais organizadas que eles em índices até maiores que os mostrados nessa pesquisa.

Elas empreendem mais, são melhores chefes, são trabalhadoras mais organizadas, acho que o "sexo frágil" está cada vez mais pendendo para o lado masculino, elas estão se tornando o "sexo forte".

Texto de ago/2010

Elas não gostam dos seus corpos

Pesquisa realizada com 2402 alunas da área de saúde em 37 universidades brasileiras concluiu que elas não estão contentes com os corpos que têm.

Para chegar a essas respostas a pesquisa utilizou a escala de silhuetas de Stunkard, que traz 9 figuras retratando formas corporais diferentes, e pede às pesquisadas que escolham qual figura mais se parece consigo e qual considera a ideal e a saudável.

64,4% das universitárias gostariam de ter corpos mais magros. O corpo ideal foi considerado mais magro que o saudável, na avaliação de 54,9% das pesquisadas.

Considerando que a pesquisa foi feita com estudantes da área de saúde, elas deveriam ter uma noção maior do que é um corpo saudável do que as pessoas que não são da área. Mas, mesmo para estudantes de saúde, o corpo ideal não é o corpo saudável, mas sim um corpo magro.

O corpo magro ainda é o "sonho de consumo" delas.

Este estudo foi conduzido pelas especialistas da USP e da Unifesp (Universidade Federal de São Paulo), Marle dos Santos Alvarenga, Sonia Tucunduva Philippi, Barbara Lourenço, Priscila de Morais Sato e Fernanda Baeza Scagliusi.

Texto de set/2010

Outubro rosa

Em outubro está sendo realizado o movimento mundial de mobilização pela prevenção do câncer de mama.

Entre as mulheres diagnosticadas com a doença, apenas 11% a descobrem no início, quando há maiores chances de cura. Em compensação, 45% a descobrem em estágios avançados

São 15 dias entre o diagnóstico da doença e a cirurgia, se a paciente tiver plano de saúde. Se a única opção for

5 anos de Pesquisas e-Números - Cotidiano

o SUS, Sistema Único de Saúde, o tempo médio desta espera é de 188 dias.

Em 2009 foram 49.343 os novos casos diagnosticados da doença no Brasil.

Como toda doença, quanto mais cedo for diagnosticada maiores as chances de cura e mais eficaz é o tratamento, por isso a prevenção é tão importante, sendo fundamentais as campanhas que ocorrem pelo mundo para que a prevenção do câncer de mama seja rotineiro entre as mulheres do mundo.

Texto de out/2010

Mãe Empreendedora

Temos acompanhando no Pesquisas e Números a força das mulheres, como chefas, empreendedoras, trabalhadoras, com melhor memória, mais organizadas e na função de mãe com mais responsabilidades e capacidades, mas nem sempre sendo reconhecidas por isso.

Como as empresas não reconhecem a mulher mãe como uma trabalhadora comprometida e responsável, uma das opções para a mãe profissionalmente continuar ativa é empreender, abrir e gerir o seu próprio negócio. Assim surgem as "Mompreneurs", termo em inglês para definir as mães empreendedoras.

Para provar a capacidade e o sucesso das mães empreendedoras foi feito um estudo pela ONG Center for Women's Business Research. Outro estudo nessa área vem de outra ONG americana, National Association for Moms in Business, que concluiu que há 15 milhões de empresárias nos Estados Unidos, sendo 44% mães com filhos de até 18 anos, ou seja, significa que existem 7 milhões de mães empreendedoras nos Estados Unidos.

Fazendo essa mesma conta para as mães brasileiras, dum universo de 18,8 milhões de empreendedores, segundo a última pesquisa GEM, 53% são mulheres, 10 milhões de empreendedoras, considerando que metade delas são mães, estamos falando em 5 milhões de mães brasileiras empreendedoras.

Uma pesquisa britânica, feita pela Yellow Pages, com as mães empreendedoras daquele país, mostra que a idéia de abertura de um negócio próprio veio na gravidez, ou antes da criança completar o seu primeiro aniversário. As habilidades que as mães adquirem com a maternidade são fundamentais para o sucesso dos negócios, na opinião da imensa maioria das mães empreendedoras (92%).

Para a flexibilização dos seus horários e melhor aproveitamento do seu dia, a internet é fundamental para 51% das "Mompreneurs", já que 59% estão trabalhando entre as 21 e 24h e a internet é sua principal ferramenta de trabalho.

Dessa forma a mulher acrescenta mais um papel às suas funções diárias, além de mulher e mãe, ela é empreendedora, aproveitando profissionalmente as habilidades que naturalmente possui.

Texto de nov/2010

A doutora brasileira

A mulher brasileira tem mais anos de estudo que os homens.

As mulheres estão aumentando a sua participação como chefas de família, há 10 anos atrás ¼ das famílias brasileiras eram chefiadas por mulheres, hoje elas já respondem por mais de 35%.

Entre a população brasileira com mais de 11 anos de estudo, 53% são mulheres e 47% homens. A média de tempo de estudo da população com mais de 15 anos de idade é de 8 anos, tanto para homens quanto para mulheres, mas a média das mulheres que estão ocupadas com alguma atividade profissional é de 9,2 anos, enquanto a dos homens é de 8,3 anos.

Nos dados mais recentes, de 2008, seguindo a tendência dos anos anteriores, o Brasil formou mais doutoras que doutores, das 11 mil pessoas que concluíram doutorado no ano, 51,5% pertencem ao sexo feminino.

No Pesquisas e Números temos comentado bastante da importância que a melhor qualificação profissional, maior conhecimento e estudo trazem para a carreira das pessoas, e neste quesito a mulher parece que está saindo na frente, são elas que estão buscando melhorar o seu nível educacional.

Texto de fev/2011

5 anos de Pesquisas e-Números - Cotidiano

<u>As mulheres com filhos e o mercado</u>

As mulheres estão cada vez mais ampliando seu espaço no mercado de trabalho, como trabalhadoras e empreendedoras, mas as barreiras que elas têm que transpor se multiplicam.

O rendimento médio da mulher que exerce o mesmo trabalho, na mesma função que seu colega do sexo masculino continua menor.

A consultoria Regus fez uma pesquisa sobre a expectativa das empresas em contratações nesse ano de 2011.

Em 2011 45% das empresas em todo o mundo pretendem contratar funcionários, no Brasil este índice é ainda maior, de 57%. Contratar profissionais com filhos está nos planos de 36% das empresas, em 2010 esse índice era maior, de 44%, enquanto no Brasil este número é de 38% em 2011.

Os motivos para que os empregadores deixem de lado a mulher com filhos na hora de contratar vão desde o menor comprometimento e flexibilidade com o trabalho (37%), o risco de deixarem o trabalho para terem outro

267

filho (33%), e estarem desatualizadas na sua área de atuação (24%). Ou seja, não há motivo concreto, mas simples suposições sobre o comportamento que imaginam que possa ocorrer.

Mas há empresas que pensam diferente, 72% consideram que quem ignora mães que voltam ao serviço estão perdendo uma excelente profissional que possa estar disponível no mercado. As profissionais com filhos têm habilidades que são difíceis de serem encontradas no mercado de trabalho, na opinião de 56% das empresas consultadas, enquanto 57% valorizam as mães quando retornam ao trabalho após a licença-maternidade por elas oferecerem experiência e um bom conjunto de habilidades sem a exigência de um salário muito alto.

Você, mãe que tem filhos, sabe o seu valor, suas qualidades e habilidades. Se as empresas não sabem disso, azar o delas, e sorte das que souberem reconhecer a qualidade das profissionais com filhos.

Ou pode se tornar uma mãe empreendedora, como já analisamos por aqui também.

Texto de abr/2011

5 anos de Pesquisas e-Números - Cotidiano

O coração das mulheres

Aproveitando que neste domingo foi dia das mães no Brasil, vamos colocar alguns números sobre o coração das mulheres.

A revista Veja, em sua edição 2215, traz como reportagem de capa os problemas cardíacos que as mulheres podem sofrer, analisando números e pesquisas de cientistas e pesquisadores brasileiros.

Na década de 50 para cada mulher que morria por problemas cardíacos tinham 10 homens morrendo pelo mesmo motivo, 60 anos depois, nos dias de hoje essa proporção mudou, morre 2 homens para cada mulher com problemas cardíacos, dando sinal de alerta para que o coração da mulher deva ser bem cuidado.

Em 1959 um trabalho científico publicado em importante publicação médica americana afirmava que as doenças cardíacas eram tipicamente masculinas. Já na edição de fevereiro deste ano de uma importante publicação médica afirma que a mulher está mais suscetível às doenças cardíacas que os homens, além dos fatores de risco nelas serem maiores que nos homens.

Entre os homens, em 90% dos casos de enfarte seus sintomas são mais claros e intensos, enquanto em 70% dos casos nelas os sintomas são de média, ou baixa, intensidade, podendo ser confundidos com outras doenças.

Portanto, não é apenas de carinho e amor que o coração das mulheres precisa, mas o cuidado precisa ser intenso para que o coração feminino continue pulsando firme e forte.

Texto de mai/2011

A mulher brasileira empreendedora

Em 2010 a equipe brasileira do GEM participou com um artigo científico dum Workshop internacional, sobre os desafios da Mulher Empreendedora no mundo. Este workshop foi realizado na Espanha, em Cadiz. A equipe nacional, toda pertencente ao IBQP, foi formada por Romeu Friedlaender Junior, Joana Paula Machado, Simara Greco e Ariane Marcela Côrtes.

O título do trabalho foi: "Educação e empregabilidade da mulher no Brasil: realidade e perspectivas", mostrando e

5 anos de Pesquisas e-Números - Cotidiano

analisando números sobre a presença da mulher no mercado de trabalho, como empreendedora e ampliando a sua participação e importância na vida econômica de nosso país.

Clique aqui para conhecer mais sobre este trabalho.

Texto de mai/2011

A Lei Maria da Penha

Temos falado bastante das mulheres no Pesquisas e Números. Sobre a mulher e mãe empreendedora, o coração feminino, a mãe e o mercado, a melhor organização e memória das mulheres, e dos avanços conquistados pela Lei Maria da Penha, que nesta semana completa 5 anos de sua implantação.

A versão 2010/11 do relatório progresso das mulheres no mundo, elaborado pela ONU, tem como foco o acesso da mulher à justiça, e a Lei Maria da Penha foi uma das pioneiras no mundo na aplicação de punições em casos de violência contra a mulher, reconhecida pelo relatório mundial.

Pesquisa sobre a violência contra as mulheres promovida pelo Instituto Avon nos primeiros meses de 2011 mostrou números sobre o assunto:

- 59% afirmaram já terem presenciado algum tipo de violência contra a mulher
- 63% tentaram ajudar de alguma forma a mulher que sofreu a violência
- 46% consideram a violência contra a mulher uma questão cultural
- 30% culpam a bebida alcoólica como causadora da violência
- 27% das mulheres sofreram graves agressões
- 15% dos homens entrevistados afirmaram já terem agredido de maneira grave alguma mulher
- 43% consideram que as leis não são suficientes para garantir a proteção da mulher
- 93% conhecem ou já ouviram falar da Lei Maria da Penha

Estes números ainda assustam, mas é uma evolução, a 1ª delegacia da mulher foi aberta em 1985 em São Paulo, hoje já são mais de 450 no país inteiro, sinal que a Lei Maria da Penha está desempenhando o seu papel, apesar de 43% considerarem que as leis sozinhas não ajudam a deixar a mulher a sentir mais segura.

5 anos de Pesquisas e-Números - Cotidiano

Ainda há muito o que se fazer, sendo importante a realização de estudos, pesquisas e divulgação de ações que possam inibir e diminuir, se possível erradicar de vez, a violência contra a mulher. Se souber ou presenciar algum ato de violência contra a mulher, denuncie, ligue 180.

Texto de ago/2011

O que elas acham?

Quando qualquer empresa pensa em vender algum produto ou oferecer algum serviço é importante saber quem pode ser o possível comprador para melhor definir a estratégia de atingir o seu público.

É importante saber não apenas quem é o cliente, mas quem influencia na compra. Para saber quem exerce essa influência o Instituto Data Popular fez uma pesquisa sobre os hábitos de consumo e como as pessoas fazem a escolha por qual produto ou serviço adquirir.

No blog MKTmais são analisados alguns produtos onde a opinião das mulheres tem um peso considerável na hora da escolha do produto ou serviço. Na compra de roupas masculinas a opinião delas conta em 77% dos casos, enquanto na escolha do carro da família a opinião feminina está presente em 69%. Na compra de produtos alimentícios a mulher opina e influencia em 86% das vezes, índice que baixa um pouco no caso de produtos de higiene e beleza, para 82%.

Agora, com relação a produtos exclusivos do público masculino, como é o caso das cuecas, a mulher continua sendo responsável até mesmo pela compra deste item do vestuário masculino, como analisamos no Pesquisas e Números anos atrás.

A presença feminina está cada vez mais presente na economia, seja como mãe, trabalhadora, empreendedora e também como a grande influenciadora das compras de produtos e serviços.

Texto de ago/2011

5 anos de Pesquisas e-Números - Cotidiano

<u>A importância da boa aparência</u>

Sempre ouvimos falar que o que importa é a beleza interior das pessoas, será que isso é verdade?

Pesquisas em universidades britânicas, americanas e canadenses mostram que a aparência conta pontos positivos na vida das pessoas.

Já vimos aqui que existe a economia antropométrica, que explica, por exemplo, a relação do crime com a altura das pessoas nos Estados Unidos, onde quem tem estatura mais baixa tem mais condenações por crimes que as mais altas. Nessa mesma matéria havia conclusões que os funcionários considerados bonitos ganham 5% a mais que os normais e que a obesidade representa menos renda para as mulheres brancas americanas.

A socióloga inglesa e professora da London School of Economics Catherine Hakim criou o conceito de capital erótico, que soma à beleza física o charme, a desenvoltura, a sensualidade e a elegância. Para a inglesa os homens com elevado capital erótico ganham de 14 a 27% a mais que os outros, nos Estados Unidos e Canadá, enquanto para as mulheres de alto capital erótico a diferença é de 12 a 20% a mais que as normais.

Já o economista americano Daniel Hamermesh analisa os efeitos da beleza facial, onde o profissional de ótima aparência deve ganhar, em média, nos Estados Unidos, U$230 mil a mais do que os normais, em toda sua carreira.

Como saber se estamos dentro da faixa da população com boa aparência, sem precisar fazer essa pergunta ao espelho, espelho meu?

Há fórmulas matemáticas, que já vimos por aqui também, para conhecer o rosto feminino e também o bumbum perfeito.

Mas se mesmo depois dessas contas todas não nos enquadrarmos nesse perfil, há toda uma indústria da beleza para dar uma mãozinha na aparência, mas aí é capaz de gastarmos todo esse dinheiro extra que ganharíamos pela boa aparência, deixando as contas zeradas novamente.

Texto de fev/2012

5 anos de Pesquisas e-Números - Cotidiano

A compra de artigos para bebê e infantis online

Quem faz a compra de produtos que não é feita pelos seus usuários, como artigos infantis e para bebês?

O Ibope quis saber a resposta para essa dúvida nas compras pela internet, vamos mostrar alguns dados do relatório de fluxo de consumo feito pelo E-tail report, com o monitoramento de venda online em 9 regiões metropolitanas nacionais e algumas cidades do interior das regiões sul e sudeste.

Fraldas descartáveis, cadeiras para automóveis, lenços umedecidos e brinquedos, respondem por 76% dos produtos que são comprados na internet para as crianças.

Como as crianças, por mais precoces em internet e informática que possam ser, ainda não podem fazer compras online, quem é o responsável por essas compras?

As mulheres respondem por 61% das compras dessa categoria na internet, mas acredito que esse número possa ser ainda maior, já que muitas mães utilizam o cartão de credito e os dados do pai da criança para comprar online.

Como já vimos outras vezes aqui, a mulher é quem decide a compra na maioria dos casos, portanto toda estratégia de marketing para a venda de produtos infantis deve estar direcionada a conquistar a atenção das mães.

Texto de jun/2013

5 anos de Pesquisas e-Números - Cotidiano

Turismo

Curitiba e a Copa do Mundo de 2014

Ontem foi anunciado nas Bahamas as 12 cidades que serão sede de jogos de futebol da Copa do Mundo de 2014 que será disputado no Brasil. Curitiba foi uma das cidades escolhidas, e por merecimento, afinal a capital paranaense é fruto da imigração de vários povos europeus no Brasil, temos colônias italiana, polonesa, ucraniana e alemã, além de fazermos fronteira com a Argentina e com o Paraguai, países que devem estar presentes na Copa.

Um jogo de futebol dura 90 minutos, somados aos 15 minutos entre o primeiro e o segundo tempo, teremos 2 horas de futebol, consequentemente os turistas que vierem a Curitiba terão mais tempo para conhecerem esta cidade. O que eles poderiam conhecer? Vários parques na cidade, 30 listados no site da Prefeitura.

Os meus preferidos são o Parque Barigui, Parque São Lourenço, Parque das Pedreiras (junto com outro cartão postal da cidade, Ópera de Arame), Unilivre, Parque

5 anos de Pesquisas e-Números - Cotidiano

Tanguá, Parque Tingui, Jardim Botânico, Bosque Alemão, Parque Bacacheri e Parque Passaúna. Além de feiras de arte e artesanato que sempre tem na cidade. Todos valem a pena uma visita.

A Copa é disputada nos meses de junho e julho, quando faz frio em Curitiba, então, quais as sugestões para fugir do frio? A cidade é bem servida por restaurantes de todos estilos, acredito ainda que nos próximos anos a tendência é aumentar ainda mais a gama de opções gastronômicas que estarão servindo para a Copa do Mundo. O Museu Oscar Niemeyer, além de sua arquitetura ímpar no mundo, é sempre local de interessantes exposições. Mercado Municipal, Paço Municipal, Teatro Guaíra, Teatro Paiol e Teatro Positivo também são belas opções para os dias que, para azar dos turistas, estiverem chovendo em Curitiba.

Essas opções e locais que valem a pena serem visitados em Curitiba estão disponíveis hoje, em junho de 2009, em 2014 com certeza teremos ainda mais locais para serem conhecidos e visitados na capital paranaense.

Texto de jun/2009

Último feriadão de 2009

Amanhã, 11 de junho, Corpus Christi, quinta-feira, é o último feriado em quinta-feira em 2009. Feriados em terças ou quintas são bons para quem pode "emendar" com o final de semana, assim ganhando 4 dias de folga.

Como estamos nos últimos dias de outono, próximo do inverno, a temperatura está baixa, e com tendência a diminuir ainda mais nas próximas semanas. Ir a parques, caminhar, e opções de locais abertos para passar o feriado não é o mais indicado. Com o frio a opção passa a ser locais fechados, como museus, galerias, cinemas e teatros.

A cidade de São Paulo em feriados é um ótimo local, sem aquela correria, sem os congestionamentos diários na cidade, e com várias opções de lazer. Só em termos de museus são 59, entre os mais visitados estão o MASP (Museu de Arte de São Paulo), o Museu do Ipiranga, o Museu da Arte do Futebol (no Estádio do Pacaembu) e o Memorial da América Latina. Depois da visita ao museu quando a fome bater, São Paulo é uma das cidades melhores servidas por restaurantes do mundo, alguma dúvida de onde ou o que comer? Nesse site voce vai encontrar o que você procura:

5 anos de Pesquisas e-Números - Cotidiano

http://www.saopaulorestaurantes.com.br/ .

O que importa é aproveitar esse feriadão para descansar, passear, praticar esportes, viajar, ou o que for, o que vale é curtir esses dias e estar com as energias renovadas para a semana que vem, quando começa tudo de novo e ficamos na expectativa do próximo feriado.

Texto de jun/2009

Viajar em julho, para o Brasil ou para o exterior?

Ontem, primeiro dia do mês de julho, as passagens de ônibus interestaduais ficaram 7,048% mais caras.

O dólar iniciou o mês de julho e o segundo semestre deste ano em queda de 1,78%. Esta queda não foi apenas com relação ao Real, mas a moeda americana perdeu 0,50% de seu valor em relação aos Pesos Mexicanos, 1,04% em relação à Lira Turca e 0,76% em relação aos Rublos Russos.

Se você ainda não planejou a viagem de julho e começa o mês com essas duas notícias, vale a pena considerar a hipótese de fazer uma viagem internacional, não precisa ser para a América do Norte ou Europa, aqui na América do Sul tem ótimas opções de passeios e lugares para conhecer e passear. A tendência de queda do dólar permanecendo, ou seja, o dólar do final do mês valendo menos que no começo, você tem a chance de gastar ainda menos Reais do que o planejado. Considerando a troca da viagem de ônibus pela de avião comprando a passagem em dólar você já gastaria 8,828% menos (7,048% de aumento no ônibus interestadual acrescido à queda de 1,78% do dólar) que se tivesse comprado a passagem no dia 30 de junho. Ou seja, se o aumento das passagens de ônibus interestaduais fosse no mês de agosto, o turismo interno no Brasil não sofreria concorrência do exterior.

Se o mês de julho é um período que você vai viajar, seja para onde e como for, o importante é aproveitar o passeio, curti-lo ao máximo. Viaje e aproveite a viagem!

Texto de jul/2009

5 anos de Pesquisas e-Números - Cotidiano

<u>Viajar – Que aperto !</u>

A ANAC (Agência Nacional de Aviação Civil) pesquisou 5.305 homens nos 20 principais aeroportos brasileiros. A pesquisa foi feita para atender as reclamações dos passageiros aéreos sobre os assentos das aeronaves que voam no Brasil.

A distância mínima entre as poltronas, de 73,6 cm, atende à maioria dos passageiros, já que 92% têm menos de 65 cm de comprimento entre a região glútea e o joelho. A maior reclamação está na largura média do assento, de 45 cm, já que 70% dos passageiros têm mais de 45 cm de largura entre os ombros.

As companhias aéreas internacionais, não apenas as brasileiras, são livres para configurar o tamanho das poltronas. Mas, graças a essa pesquisa, a ANAC pretende criar um selo que diferencie as empresas que ofereçam assentos mais amplos, propiciando maior conforto ao passageiro de avião no Brasil.

Já os passageiros rodoviários são protegidos nesse aspecto pela Resolução 316 do Contran, em vigor desde 01/07/2009. Esta resolução determina que a largura do corredor deva ser no mínimo de 35 cm, que a largura dos assentos não seja menor que 43 cm, e o espaçamento entre a borda do assento e o encosto da poltrona à frente seja de no mínimo 30 cm. A profundidade dos assentos é livre, não há uma medida mínima obrigatória, por isso não conseguimos fazer a mesma comparação sobre a distância entre os assentos existentes nos aviões.

Vai viajar? Se for de ônibus ou de avião encolha os braços e prepare-se para o aperto, mas aproveite a viagem!

Texto de jul/2009

GP Brasil de Fórmula 1 – São Paulo comemora

Domingo, dia 18 de outubro de 2009 foi disputado o Grande Prêmio Brasil de Fórmula 1 em Interlagos em São Paulo.

Não foi apenas o piloto campeão do mundo Jenson Button quem saiu de São Paulo satisfeito com o resultado da corrida.

A economia da cidade também agradece esse evento, os hotéis atingem 80% de sua lotação.

5 anos de Pesquisas e-Números - Cotidiano

São Paulo recebe 90 mil pessoas nesse período, esse fim de semana estava com uma expectativa de movimentação de R$ 260 milhões, que é 15% maior que a corrida de fórmula 1 ano passado na cidade.

No fim de semana, sábado e domingo, da corrida, 350 novos ônibus ficam à disposição dos 18 mil usuários esperados. 350 guardas civis metropolitanos fiscalizam as imediações do autódromo. São gerados 15 mil empregos na cidade.

Quem vai à corrida acaba levando para casa uma lembrancinha, que também movimenta a economia da cidade, por exemplo, um boné custa R$140, uma blusa R$400.

A corrida de Fórmula 1 na cidade de São Paulo é o evento que traz maior retorno financeiro ao município. Movimenta a economia paulista como um todo, trazendo benefícios a todos. São R$260 milhões a mais circulando na economia paulista.

Jenson Button comemorou seu primeiro título mundial na Fórmula 1 na corrida em Interlagos. Mas São Paulo também pode comemorar, graças aos resultados que esse evento traz à economia da cidade.

Texto de out/2009

O turista brasileiro

O Instituto Vox Populi entrevistou por telefone 2.514 brasileiros de 11 capitais entre os dias 17 de junho e 7 de julho de 2009 para definir os hábitos de consumo do turista brasileiro. A pesquisa está no website do Ministério de Turismo do Brasil.

A pesquisa definiu 3 categorias, a de clientes atuais (viajaram nos últimos 2 anos no Brasil), clientes potenciais (pretendem viajar nos próximos 2 anos) e os não clientes (não viajaram e não pretendem viajar).

Entre os não clientes, 55,7% não viajam por não terem condições financeiras para isso, 23,4% por falta de interesse e 6,8% têm vontade de viajar para o exterior.

Para mais de 40% dos entrevistados turismo é sinônimo de tranqüilidade e descanso, e para 1 em cada 4 significa diversão e entretenimento.

5 anos de Pesquisas e-Números - Cotidiano

A propaganda boca a boca é a principal fonte de informação de quem viaja ou pretende viajar, em segundo lugar está a internet.

A família é a grande companheira de viagem da maioria, apenas 10,8% viajaram sozinhos, e a intenção de viajar sem companhia nenhuma nos próximos 2 anos está nos planos de apenas 16,3% das pessoas.

Nos finais de semana normais, sem ser feriado, 33,9% costumam viajar. Mas, se o final de semana for prolongado, esse índice sobe a 66,8%.

100 dias é a média de tempo em que uma viagem é planejada, quase a mesma da pesquisa efetuada em 2007. Entre os que têm planos de viagem para os próximos 2 anos essa média vai a 122 dias. A compra da viagem é feita com 52 dias de antecedência. Ou seja, são 48 dias planejando e pensando na viagem até efetuar a compra da mesma.

A viagem é paga à vista em 63,2% dos casos, esse índice é parecido entre os clientes atuais e os potenciais. Um em cada cinco viajam através de pacotes turísticos, enquanto os outros quatro o fazem por conta própria. O gasto médio na viagem foi de R$ 2.279,05. Entre os clientes potenciais essa média vai a R$ 2.753,09.

Entre os clientes atuais, o automóvel é o meio de transporte mais utilizado (41,8%), vindo depois o avião (33,5%) e o ônibus (23,8%). Entre os clientes potenciais a primeira opção é o ônibus (40,2%), vindo depois o automóvel (35,5%) e o avião (24,1%). É um sinal do crescimento das viagens de avião, já que é a terceira opção dos que pretendem viajar, e a segunda dos que realmente viajaram.

O Brasil tem mais de 8.000km de litoral e mais de 2000 praias, que são o destino preferido dos turistas nacionais.

São 2,8 viagens por ano a média brasileira, com a duração de 9,58 dias cada. O curitibano é quem mais viaja, 3,35 vezes ao ano, enquanto o brasiliense o que viaja menos, 2,24 vezes no ano.

A maioria das viagens é curta, são para cidades na mesma região. Os moradores do sul viajam para os estados do sul, do sudeste para o sudeste e assim por diante.

A avaliação sobre a viagem feita é positiva em 95,1% dos casos, negativa em 1,9% e 3% consideraram regular a sua experiência turística. Apesar disso, 75% dos que consideraram negativa a viagem não souberam dizer o motivo de sua negatividade. Voltariam com certeza ao local viajado 92,6% das pessoas, e 95,5% o recomendariam aos seus conhecidos.

O turismo é uma atividade econômica. Conhecer o turista e seus hábitos é importante. É como uma empresa que precisa conhecer seu consumidor para melhor atendê-lo. Essa pesquisa mostra que o turista está satisfeito com o que encontra em suas viagens pelo Brasil. A principal fonte de informação é a propaganda boca a boca, assim mais pessoas vão contando para as outras da sua satisfação nas viagens, fazendo com que cresça ainda mais o turismo interno no país.

Texto de nov/2009

O Turista Estrangeiro no Brasil

No post anterior comentamos uma pesquisa traçando o perfil do turista brasileiro. Hoje vamos analisar uma pesquisa feita pela Zaytec e pela EMBRATUR com 2.045 turistas estrangeiros que passaram pelo menos 3 dias em território brasileiro, no momento de seu retorno ao país de origem.

O povo brasileiro é o melhor do país, conforme opinião de 45% dos entrevistados, quase o dobro do segundo item mais citado, as belezas naturais e a natureza, com 23% e das praias e do mar, com 18%. A alegria e felicidade das pessoas são responsáveis por 25% da imagem que os estrangeiros têm sobre os brasileiros.

A cidade mais lembrada pelos estrangeiros é o Rio de Janeiro, com 45% de citações, São Paulo teve 16% e Salvador 5%.

Qual é a comida típica nacional mais lembrada pelos turistas?

A feijoada teve 20% das citações, vindo depois o churrasco, com 16% e logo após o feijão com arroz, com 9%, mesmo patamar de citações das carnes. Nesse item eu somaria o percentual de carnes com o do churrasco, chegando a 25%, e dessa forma o churrasco e as carnes seriam o prato brasileiro mais lembrado pelos turistas estrangeiros.

Qual o símbolo do Brasil? A bandeira brasileira foi o símbolo mais citado, 24%, depois vieram o Cristo Redentor (17%) e o futebol (7%).

5 anos de Pesquisas e-Números - Cotidiano

Entre os turistas entrevistados, 10% não viram nenhum ponto negativo na sua visita ao Brasil, mas 22% consideraram a violência e criminalidade o que não lhe agradaram, a pobreza 18%, a falta de segurança e de polícia foram pontos negativos na opinião de 15% dos estrangeiros que estiveram no Brasil. Nesse item vamos somar violência/criminalidade com falta de segurança/polícia, já que se trata do mesmo assunto, assim temos 37% dos pontos negativos citados pelos turistas estrangeiros na falta de segurança encontrada no país.

Segundo o Anuário Estatístico 2009, do Ministério do Turismo, em 2008 entraram 5.050.099 turistas estrangeiros no Brasil, 24.265 a mais que em 2007, quando ingressaram 5.025.834.

Nas duas pesquisas, sobre o turista brasileiro e o turista estrangeiro no Brasil podemos concluir que esta atividade econômica está crescendo e as perspectivas são boas, a maioria dos turistas gosta do que encontra e recomenda aos conhecidos, fortalecendo a propaganda boca a boca, que é uma das principais fontes de informação dos turistas.

Texto de nov/2009

293

Navios de cruzeiros

Como temos acompanhado neste blog, o turismo é uma indústria em ascensão, com mais pessoas viajando pelo mundo todo. O número de passageiros que viajam em cruzeiros no mundo aumentou mais de 150%, no Brasil cresceu 620% nos últimos 8 anos. Em 2004 tinham 6 navios de grande porte na costa brasileira fazendo cruzeiros, no próximo verão serão 18, que vão transportar quase 1 milhão de turistas pelas costas do Brasil.

Com esse crescimento de passageiros, cresce também o tamanho dos navios. Em 2009 foi construído o maior de todos os tempos, o Oasis of the Seas.

O Titanic, construído em 1909 tinha 9 andares, comprimento de 270 metros, com uma tripulação de 900 pessoas atendiam 1.316 passageiros (1,46 passageiros por tripulante). O Oasis of the Seas, construído 100 anos depois, levou 3 anos para ficar pronto, têm 20 andares, comprimento de 361 metros, com uma tripulação de 2.100 pessoas para atender os 6.360 passageiros (3 passageiros por tripulante). Apesar de ser 2,2 vezes maior que o Titanic (20 andares contra os 9 do Titanic), a capacidade de passageiros é quase 5 vezes maior precisando de apenas 2,3 vezes mais tripulação. Como vemos nesse comparativo publicado na Veja:

Essa é mais uma opção para quem quer viajar, e com o aumento da procura pelos cruzeiros, aumenta as opções de navios, as facilidades de pagamento e as comodidades e conforto acessível aos turistas/passageiros. Podemos dizer que uma viagem de cruzeiro é uma estada num resort que se movimenta, tamanho o conforto oferecido pelos navios hoje em dia.

Bom embarque e boa viagem!!!

Texto de nov/2009

Enfim, Férias. Para onde ir?

O curitibano é o morador das capitais brasileiras que mais viaja durante o ano, como já vimos nesse blog em 2009. A Gazeta do Povo publicou uma pesquisa da Paraná Pesquisas com 505 curitibanos entre os dias 19 e 22 de dezembro de 2009 sobre onde eles vão passar suas férias.

Metade dos moradores da capital paranaense pretende viajar.

O destino de 67,9% dos que pretendem viajar é a praia, sendo que destes 57,7% vão ao litoral paranaense e 36,8% ao catarinense. 60,8% vão de carro, 27,6% de ônibus e 3,4% vão colocar sua moto nas estradas.

Uma semana é o tempo que 57,1% pretendem ficar fora da sua cidade, 20,5% vão estender mais uma semana essa estada e 20,5% não regressam a Curitiba em menos de 15 dias. A família é a companhia de 68,3% dos viajantes curitibanos. Não vão gastar em hospedagem 71,6%, já que 16,8% possuem imóvel no local e 54,8% vão ficar na casa de parentes e amigos. O dinheiro para gastar nessa viagem foi economizado durante o ano em 91,8% dos casos. Apenas 24,3% pretendem gastar mais nas férias deste ano que nas anteriores.

O perfil do viajante curitibano nas suas férias é parecido com o viajante brasileiro, que também prefere ir à praia, de carro, em viagens curtas, para lugares que estão próximos a cidade que vive.

E as suas férias, quais os planos?   Texto de jan/2010

5 anos de Pesquisas e-Números - Cotidiano

O ranking da qualidade de vida

Hoje é meu aniversário, a cada ano que passa a preocupação com a qualidade de vida vai ficando mais importante. Por isso hoje vamos falar exatamente sobre isso, a qualidade de vida.

A International Living surgiu 3 décadas atrás, com a idéia de que seria melhor, e mais barato, viver num país diferente do que você nasceu. Para descobrir qual o melhor lugar do mundo para se viver, começou a calcular a qualidade de vida dos habitantes de 194 países. Assim surgiu um ranking dos melhores países para se viver, onde a qualidade de vida das populações seria medida.

São avaliados itens como custo de vida (peso de 15% no índice final), cultura e lazer (10%), economia (15%), meio ambiente (10%), liberdade (10%), saúde (10%), infraestrutura (10%), segurança e riscos (10%) e clima (10%).

A França é a líder deste ranking, chegando a 82 pontos, um ponto atrás, com 81, estão Austrália, Alemanha e Suíça. O Brasil é o 38º. Na América do Sul o Uruguai, a Argentina e o Chile estão na nossa frente.

O score brasileiro foi de 70, liberdade, segurança e risco foram nossos melhores índices, com 83 pontos, depois com 82 está nosso clima, saúde com 73, meio ambiente 71, economia 65, custo de vida 64, infraestrutura 59, lazer e cultura 58.

Esses números são interessantes, já vimos rankings sobre as maiores cidades do mundo e calculamos o índice da Felicidade Interna Bruta, agora a qualidade de vida da população é calculada. O mais importante é fazermos valer no nosso país, na nossa cidade, na nossa casa, o Lar Doce Lar, é dentro da casa de cada um que temos que buscar a melhor qualidade de vida possível para nós mesmos. Fazendo isso, a qualidade de vida da cidade que vivemos e de nosso país será melhor.

Texto de jan/2010

Viajar ficou mais barato, ou mais caro?

Em 2009 viajar de avião ficou 31,88% mais caro, segundo levantamento feito pelo IPCA (Índice de Preços ao Consumidor Amplo), calculado pelo IBGE.

5 anos de Pesquisas e-Números - Cotidiano

Mas ficou 25,36% mais barato, pelos números do IPC (Índice de Preços ao Consumidor), da FGV (Fundação Getúlio Vargas).

E agora, voar ficou mais caro ou mais barato em 2009?

Essa diferença é explicada pela metodologia dos levantamentos, enquanto o IBGE calcula os dados do primeiro ao último dia útil de cada mês, levando em consideração o preço à vista e tarifa cheia, a FGV consulta o preço de ida para sete cidades brasileiras para passagens compradas com 30 dias de antecedência, considerando a alternativa mais barata.

Respondendo a nossa pergunta, viajar de avião ficou mais barato para quem planeja a viagem com antecedência, enquanto os que não conseguem comprar antecipadamente, estão pagando mais caro para voar.

Texto de fev/2010

Que hotel caro!!

Na hora de escolher para qual cidade viajar, não basta apenas escolher o destino cuja passagem seja a mais barata, o preço da diária do hotel também entra no orçamento, e com bom peso.

O site hotéis.com fez um levantamento, calculou e elaborou o ranking das cidades com diárias mais caras do planeta. Monte Carlo foi a campeã, com a diária média de 177 euros, vindo depois Abu Dhabi, com 164 euros, e completando o pódio está Genebra, com diária média de 163 euros.

O Brasil está representado no Top10 com o Rio de Janeiro, que ocupa a 6ª posição, com diária média de 137 euros.

Esse estudo, realizado anualmente desde 2004, se baseou em diárias de 94 mil hotéis, comparando também os valores de 2009 com os de 2008, que tiveram queda de 14% nos valores das diárias. Já o Rio de Janeiro foi a única cidade membro do Top10 desta pesquisa que teve aumento em seus valores, suas diárias médias subiram 12%.

Texto de abr/2010

5 anos de Pesquisas e-Números - Cotidiano

A evolução na competitividade turística

Em 2010 o Brasil melhorou seus resultados no ICTN, Índice de Competitividade Turística Nacional.

O conjunto de indicadores que compõem o índice, calculado pela FGV/RJ, é dividido em 13 dimensões. Entre 0 a 100 o ICTN de 2010 foi de 56, superior aos 52 de 2008 em 4 pontos. Foram pesquisados 122 destinos, onde o pesquisador passava 5 dias em cada um deles fazendo o levantamento.

Os indicadores nacionais com melhor desempenho foram em Cooperação Regional, com subida de 7%, Serviços e Equipamentos, com 6% e em Capacidade Empresarial, 5,6%.

As cidades com maiores notas foram a capital paulista São Paulo e a paranaense Foz do Iguaçu. São Paulo se destacou em Acesso, Serviços e Equipamentos e Monitoramento e Economia Local, enquanto Foz do Iguaçu teve destaque nestes mesmos 3 itens e também em Marketing e Promoção do Destino.

O Brasil será um dos principais destinos turísticos do mundo em 2014 e 2016, graças aos eventos esportivos da Copa do Mundo e das Olimpíadas, por isso é importante que cada vez mais os serviços turísticos disponíveis melhorem.

Apesar que, quem faz turismo no Brasil, seja o próprio brasileiro ou seja estrangeiro, só tem elogios ao nosso país, mesmo assim ainda precisamos melhorar. Essa melhora traz benefícios não apenas ao turista, mas também a população local.

Texto de fev/2011

Respeite a velocidade

O Fantástico, da Rede Globo, divulgou uma matéria no mês de março sobre a máfia dos radares nas cidades brasileiras. Esta matéria mostrava que as empresas que instalavam os radares para controlar avanços de velocidade nas vias públicas das principais cidades do país o faziam de modo excuso junto com as autoridades responsáveis nos municípios.

Curitiba foi uma das cidades mostradas na reportagem, que logo após o domingo em que foi exibida a Prefeitura da capital paranaense suspendeu os serviços de radar para controle de velocidade até que as denúncias de irregularidade sejam investigadas.

E qual a opinião da população sobre os radares?

A Paraná Pesquisas entrevistou a população curitibana em março para saber a opinião popular, vejamos alguns resultados:

68% são favoráveis à instalação de radares nas vias públicas, esse índice baixa para 59% entre quem dirige, mas ainda tem mais gente favorável do que contra os radares;

66% acreditam que os radares são uma forma eficiente de melhorar a segurança no trânsito;

84% não sabem para onde vai o dinheiro arrecadado com as multas aplicadas pelos radares.

Pelos números dá para sentir que o radar é uma boa ferramenta para controlar o abuso de velocidade nas vias públicas, o grande problema é a falta de transparência que há entre os contratos das empresas fornecedoras dos radares e o poder público. Resolvendo esta questão os radares podem continuar com sua função de melhorar a segurança no trânsito.

Texto de abr/2011

Os feriados no Brasil e a produtividade

Na semana passada tivemos mais um feriado no Brasil, comemorando Tiradentes e a Páscoa.

Junto com o feriado foi feito um estudo pela Firjan sobre o custo dos feriados no Brasil.

O valor do PIB perdido graças aos feriados de 2011 deverá ser de 135,8 bilhões de reais.

Por estas informações e pelo documento elaborado pela Firjan o feriado é altamente prejudicial à economia do país.

Eu discordo totalmente destes números e desta análise unilateral, que vem de encontro a outro estudo, analisado neste blog em 2009, onde afirmava que o trabalhador brasileiro era folgado, graças ao número de feriados existentes no país e os dias de férias. Naquele estudo foi mostrado que países com menos "dias de folga" que o Brasil não significa afirmar que trabalham mais horas ao ano.

5 anos de Pesquisas e-Números - Cotidiano

A utilização da capacidade instalada das indústrias do estado do Rio de Janeiro, utilizando a mesma fonte de informação, a Firjan, foi de 75% em 2010, sendo inclusive acima da média histórica das empresas cariocas.

Vamos fazer uma análise simples, considerando o feriado da semana passada, você estima que vai terminar o mês de abril com mais dinheiro no bolso que os meses sem feriado? Pois é, acredito que a maioria das respostas deva vir no sentido que o mês com feriados nos custa mais que os meses que trabalhamos todos os dias da semana. Porque aproveitamos esta folga para repor as energias, para curtir nossa família, para desfrutarmos de momentos de lazer, que não conseguimos durante dias de trabalho, ou seja, nos feriados o dinheiro circula mais pela economia, não necessariamente nas indústrias, mas em outras atividades econômicas, também importantes para o país.

Afirmar que o Brasil perde bilhões de reais que não são produzidos graças à folga dos trabalhadores nacionais nos feriados é bobagem, primeiro porque há a capacidade ociosa das máquinas nas empresas brasileiras, segundo porque os momentos de lazer dos funcionários são importantes para sua própria produtividade, e por último porque o dinheiro circula para outras atividades econômicas, que também são importantes para o crescimento e desenvolvimento do país.

Texto de abr/2011

Viagem ao exterior, como pagar as despesas lá fora

Essa semana temos o feriado nacional de 7 de setembro. Em Curitiba há ainda feriado no dia 8, fazendo a semana ser curta na capital paranaense. Com isso surgem opções de viagens, o exterior é uma delas.

Viajar ao exterior é opção de 30% dos entrevistados na pesquisa Intenção de Viagem, em parceria do Ministério do Turismo e FGV, esse número supera os 21,4% do mesmo período em 2010.

Mas surge uma dúvida, como pagar as contas no exterior?

Para pagar em dólar é necessário comprar dólares no Brasil. Vamos comprar U$500, que pela cotação de R$1,75, custaria R$875.

5 anos de Pesquisas e-Números - Cotidiano

Pagando com cartão de crédito, a cotação do dólar nos cartões Citibank para hoje é de R$1,70. Para pagar uma conta de U$500, o valor em reais seria de R$850, mais o acréscimo de 6,38% de IOF, R$54, sua conta chega a R$904.

Vamos considerar que os pagamentos foram feitos no cartão de crédito, com isso ao voltar para o Brasil com os mesmos U$500 querendo reaver os reais, pela cotação de R$1,64, que faz com que os mesmos R$875 estejam valendo agora R$820, 93,7% do valor inicial.

Outra opção é sacar o dinheiro através do seu cartão da conta corrente no Brasil, que nesse caso o IOF é de 0,38%, mais o custo cobrado por saque, que varia de banco para banco, na média de U$3. No nosso exemplo os U$500 passariam para U$505, ao valor do dólar cobrado pelos bancos, hoje de R$1,70, chegando ao valor de R$859.

A melhor opção é o uso do seu cartão da conta corrente do Brasil, onde o nosso exemplo de U$500 foi o que precisou de menos reais para sua compra. Mas é importante, antes de viajar, conferir com o banco se o cartão pode ser usado no exterior, procurando saber as máquinas que os saques são permitidos.

Texto de set/2011

Brasil il il !!!

Mais uma pesquisa afirma que o Brasil está ficando mais valorizado no mundo.

Ano passado já havíamos analisado uma pesquisa da BBC onde o Brasil aumentava a sua influência e simpatia perante os outros povos do mundo, até mesmo entre os brasileiros nossa influência era considerada mais alta que entre as outras nações.

No final de 2011, em outro levantamento, que avalia as marcas-países, considerando 113 nações, o Brasil ficou em 31°, subindo 10 posições em relação ao levantamento anterior, sendo o país que mais ganhou postos na percepção mundial.

Os fatores que esse estudo leva em consideração são a qualidade de vida, o turismo, a cultura, a facilidade para fazer negócios, bem como os valores, a percepção que estrangeiros têm sobre itens como consciência ambiental, liberdade de expressão existente no país, o sistema jurídico, a tolerância e a liberdade política.

5 anos de Pesquisas e-Números - Cotidiano

Na parte de turismo, mesmo não sendo, ainda, um dos destinos preferidos dos turistas mundiais, ficamos em 2º na lista de melhores praias, perdendo apenas para a Austrália.

O brasileiro é um dos povos mais felizes do mundo, como vimos em outro ranking mundial, sobre a felicidade. Tudo começa dentro de casa, o que acaba refletindo para fora, é a mesma coisa que acontece com os países, se o país está feliz, esta felicidade se irradia e conquista a simpatia dos outros, ganhando pontos e melhorando a marca-país.

Vários fatores contribuem para esse aumento de nossa popularidade no exterior, mas o principal é o nosso sentimento com nosso país, de mostrarmos as coisas ruins que acontecem em nosso país, mas nos orgulharmos das boas notícias e das conquistas brasileiras dos últimos anos.

Com a Copa do Mundo e Olimpíadas a caminho acredito que nossa popularidade vai ficar ainda maior, fazendo com que quando formos viajar ao exterior e falarmos que somos brasileiros, as pessoas nos recebam com um sorriso no rosto, além da inveja por morarmos num país como o Brasil.

Texto de mar/2012

Conclusão

Nesses 5 anos do Pesquisas e Números tratamos de diversos assuntos, analisamos muitos números, estatísticas e pesquisas das mais diversas fontes e origens, cruzando informações de uma fonte com outra, para comparar e complementar informações e trazer ao leitor uma forma de "ler" os números que possa simplificar e facilitar a sua compreensão.

Apesar da dinâmica que temos no nosso dia a dia, com a evolução e multiplicidade de informações que circula na internet a cada instante, a maioria dos textos que colocamos no blog, e reproduzimos nesse livro, continuam atuais, não perderam a sua validade, podem ser utilizados como fonte de informação e conhecimento, não se perdendo com o tempo.

Isso mostra que a informação se acumula, o conhecimento aumenta e deve ser arquivado, seja na nossa memória, na nossa mente, seja em arquivos .doc, ou .pdf em nossos hardwares, que alguma hora vai ser importante pesquisarmos esses arquivos para utilizarmos no futuro.

5 anos de Pesquisas e-Números - Cotidiano

Vamos continuar nessa mesma linha no Pesquisas e-números, rumo aos próximos textos, às próximas análises de pesquisas, e-números e estatísticas que surgirem por aí.

Até lá!!!

O Autor

Romeu Friedlaender Junior é formado em economia pela Universidade Federal do Paraná, com cursos de Management Information in Marketing and Sales certificado pelo Chartered Institute of Marketing, em Londres, Grã Bretanha.

Morou em Londres nos anos de 1997, 1998 e 2002.

Dirigiu por anos a área de planejamento do Instituto Paraná de Pesquisas de Opinião e Análise de Consumidor, empresa privada especializada em pesquisas de opinião e análise de mercado.

Escreve desde 2009 no blog Pesquisas e Números, analisando pesquisas e números que a mídia divulga constantemente.

Foi professor universitário ministrando aulas das disciplinas de Economia, História do Pensamento Econômico e Análise de Pesquisa e Mercado.

Participou ativamente como membro da equipe brasileira da pesquisa GEM – Global Entrepreneurship Monitor, maior estudo constante sobre o empreendedorismo no mundo.

No comércio eletrônico tem experiência com a Melito, loja virtual com mais de 4.000 produtos à venda e fundou o site TriClick, que reúne diversos produtos e serviços ao gosto do neoconsumidor.

É autor de outros livros e publicações, mostrado no próximo capítulo.

Outras obras do autor

- Relato duma Viagem – Índia, Cingapura, Austrália e China, pelo Clube de Autores em 2009

- O homem, sujeito do trabalho e suas relações no sistema econômico, pelo Clube de Autores em 2011

- Empreendedorismo no Brasil 2009, em parceria com outros autores, pelo IBQP (Instituto Brasileiro da Qualidade e Produtividade)

- Empreendedorismo no Brasil 2010, em parceria com outros autores, pelo IBQP (Instituto Brasileiro da Qualidade e Produtividade)

- Empreendedorismo no Brasil 2011, em parceria com outros autores, pelo IBQP (Instituto Brasileiro da Qualidade e Produtividade)

- Emprender desde la pequeña y mediana empresa: Nueve casos de éxito de emprendedores latinoamericanos, em parceria com outros autores escreveu sobre o caso brasileiro, pela FUNDES(Chile), em 2011

- GEM 2010 Education and employability of women in Brazil – reality and perspectives, em parceria com outros autores, em Cadiz na Espanha, 2010

- 2010 Report: Women Entrepreneurs Monitor, Babson College (EUA) em parceria com outros autores escreveu sobre o caso brasileiro, em 2011

5 anos de Pesquisas e-Números - Cotidiano

- Comércio Eletrônico, Desvendando o seu Funcionamento, pelo Clube de Autores em 2013

- Copa do Mundo Tô fora do Brasil para assistir, pelo Clube de Autores em 2013

Sites que aparecem neste livro:

www.abic.com.br
www.abimaq.org.br
www.abrasel.com.br
www.accenture.com
www.acsp.com.br
www.amanha.com.br
www.amazon.com
www.americanmoustacheinstitute.org
www.aneel.gov.br
www.anefac.com.br
www.bemparana.com.br
www.bitly.com
www.blog.hubspot.com
www.burson.com.br
www.caminhandojunto.blogspot.com
www.clorin.com.br
www.clubedeautores.com.br
www.cni.org.br
www.crasp.gov.br
www.cultura.gov.br
www.cursodeecommerce.com.br
www.datapopular.com.br
www.debenhams.com
www.denatran.gov.br
www.dieese.org.br
www.duke.edu
www.e.life.com.br
www.e-commercefacts.com
www.ecommercenews.com.br
www.economist.com

5 anos de Pesquisas e-Números - Cotidiano

www.eletros.org.br
www.elogia.net/pt
www.epocanegocios.com.br
www.estadao.com.br
www.exame.com.br
www.exame.com.br/revista-exame-pme
www.facebook.com
www.fantastico.globo.com
www.fazenda.gov.br
www.fbits.com.br
www.felicidadeinternabruta.blogspot.com
www.fiesp.org.br
www.forbes.com
www.forgas.socialpsychology.org
www.g1.globo.com
www.gazetadopovo.com.br
www.gemconsortium.org
www.gpadrao.com.br
www.gsmd.com.br
www.ibge.gov.br
www.ibope.com.br
www.ibqp.org.br
www.ldgnow.uol.com.br
www.idv.org.br
www.inovacaomarketing.com
www.institutoanalise.com
www.institutoanalise.com
www.journals.uchicago.edu
www.kimod.com
www.latinpanel.com.br
www.leeds.ac.uk
www.mailermailer.com
www.maximbrasil.uol.com.br
www.mdemulher.abril.com.br

www.melito.com.br
www.mktmais.com
www.neoconsumidor.com.br
www.nosdacomunicacao.com.br
www.observatoriodegenero.gov.br
www.operdigueiro.blogspot.com
www.papodeempreendedor.com.br
www.parana-online.com.br
www.paranapesquisas.com.br
www.People-press.org
www.pesquisasenumeros.com
www.pinterest.com
www.plantaoonline.com
www.pnud.org.br
www.portalexameabril.com.br
www.quatromarcos.ind.br
www.rb.com/br
www.reclameaqui.com.br
www.revistaalfa.com.br
www.revistaepoca.globo.com
www.revistapegn.globo.com
www.secom.gov.br
www.shopperexperience.com.br
www.sindilav.com.br
www.socialtag.com.br
www.sospesquisaerorschach.com.br
www.tau.ac.il
www.techtudo.com.br
www.telegraph.co.uk
www.terra.com.br
www.testedascervejas.com.br
www.triclick.com.br
www.turismo.gov.br
www.Twitter.com

5 anos de Pesquisas e-Números - Cotidiano

www.unwomen.org
www.uol.com.br
www.veja.abril.com.br
www.youtube.com
www.zaytecbrasil.com.br
www.zerohora.clicrbs.com.br

Como o próprio blog mudou de nome, de www.romeufriedlaenderjr.blogspot.com para www.pesquisasenumeros.com, muitos dos sites acima podem ter alterado seus domínios nesses 5 anos, por isso peço desculpas se algum link não existir mais, estar desatualizado.